高校预算绩效管理研究

陈爱成 著

中国商业出版社

图书在版编目（CIP）数据

高校预算绩效管理研究 / 陈爱成著. -- 北京 : 中国商业出版社, 2024. 3

ISBN 978-7-5208-2885-7

Ⅰ. ①高… Ⅱ. ①陈… Ⅲ. ①高等学校-预算管理-研究-中国 Ⅳ. ①G647. 5

中国国家版本馆 CIP 数据核字（2024）第 070586 号

责任编辑：聂立芳
策划编辑：张　盈

中国商业出版社出版发行
（www. zgsycb. com　100053　北京广安门内报国寺 1 号）
总编室：010-63180647　编辑室：010-63033100
发行部：010-83120835/8286
新华书店经销
天津和萱印刷有限公司印刷
*
710 毫米×1000 毫米　16 开　14. 5 印张　228 千字
2024 年 3 月第 1 版　2024 年 3 月第 1 次印刷
定价：30. 00 元
*　*　*　*
（如有印装质量问题可更换）

前言

2018年9月，中华人民共和国国务院印发了《关于全面实施预算绩效管理的意见》，提出构建全方位、全过程、全覆盖的预算绩效管理体系，提高财政基金的配置效率，推动国家治理体系和治理能力现代化。由于科教兴国战略的进一步推行，国内各大高校纷纷扩招，高校扩招面临扩建校区、增加硬件设施等问题，财政拨款已经难以维持高校的正常教育投入，各大高校只能选择合并相关周边院校，或者是通过银行贷款来缓解燃眉之急，因此，入不敷出，负债率高成为高校普遍存在的问题。另外，由于高校在自身运营过程中，存在资金分配不均、预算水平落后等问题，推行预算绩效管理可以提高高校管理水平，从而提高办学水平。如何科学合理地配置高校现有资金、使有限的资金为高校创造出更大的经济与社会效益，成为各个高校反思的首要问题。

作为预算绩效评价的核心，预算绩效评价体系的建立与健全意义重大。而一套科学、完备的绩效评价体系建立的基础需要有相适应的评价指标和评价方法。本书根据高校的人才培养、科学研究、社会服务、文化传承与创新和国际影响力五大职能，结合2021年财政部发布的《中央部门项目支出核心绩效目标和指标设置及取值指引（试行）》设置要求和高等教育的特点，将高校预算绩效管理核心评价指标体系分为满意度预算绩效管理评价指标和贡献度预算绩效管理评价指标两个目标层，在目标层下构建教学、科研、社会服务、文化传承与创新和国际影响力五方面的准则层，在准则层下继续设置方案层的评价指标作为对准则层各评价指标进行回应，运用关键绩效指标法构建出一套科学且现实可行的预算绩效管理评价指标体系，然后根据关键绩效指标法构建出的预算绩效管理评价指标体系结合目标层、准则层、方案层的权重比例，得出研究范围内各层级指标的预算绩效管理评价得分，实现对高校预算绩效管理水平的评价，提升高校财政资金配置效率。评价方法的运用分校内评价和不同高校之间的评价两种。

在高校预算绩效管理工作中，预算绩效评价结果应用是落脚点，同时也是下一周期预算绩效评价的起点和依据，是保障绩效评价取得实效的关键。当前，我国约有2700所高校，主要依赖政府的财政拨款。近阶段，财政收入的增速有所放缓，在政府财政资金并不宽裕的条件下，要保证财政教育投入不断增长，对政府来说也是一个挑战。另外，我国部分高校财政资金的利用效率不足，年末存在资金闲置现象。在此现实背景下，本书探索了是否存在有效途径，客观评价财政资金使用绩效问题，促进高校的健康和高质量发展。

由于我国预算绩效管理的实践正处于探索发展之中，相关理论也在不断丰富与完善，再加上本人水平有限，书中如有不足之处，敬请各位读者批评指正。

本书在撰写的过程中参考了大量的文献资料，这些优质的文献资料所提供的理论和观点，为本书的最终完成奠定了良好基础，作者在此一并感谢！

盐城工学院 陈爱成

2023年12月18日

目　录

第一章　绪论

第一节　选题背景和研究意义

一、研究背景

近年来，高校预算绩效的管理工作进入一个新的发展阶段，这主要得益于国家先后出台了多个相关政策文件，分别是《关于全面实施预算绩效管理的意见》《教育部关于全面实施预算绩效管理的意见》和《项目支出绩效评价管理办法》。政策文件的颁布使高校预算绩效管理逐步从规划蓝图成为现实工作中的实践。2019 年，随着《中国教育现代化 2035》的印发，实现教育治理体系和治理能力现代化已经成为高校工作的重要组成部分，我国高等教育已进入追求质量和效益的阶段，而在这一阶段中，预算绩效管理是高校实现现代财务体系改革的重要抓手。

预算绩效管理是预算管理和绩效管理两种管理工具方法的有机结合。这种预算管理模式是将绩效理念融入预算管理，以提高资金使用效益的实践与探索。预算管理是指企业及行政事业单位以战略目标为导向，通过对未来一定时间内的经营活动和相应的财务结果进行全面预测和筹划，科学、合理配置企业各项财务和非财务资源，并对执行过程进行监督和分析，对执行结果进行评价和反馈，指导经营活动的改善和调整，进而推动实现战略目标的管理活动。绩效管理是指企业及行政事业单位与所属单位（部门）、员工之间就绩效目标及如何实现绩效目标达成共识，并帮助和激励员工取得优异绩效，从而实现企业目标的管理过程。

预算绩效评价是由绩效预算衍生而来。“绩效预算”最早起源于19世纪美国的公共预算改革，是一种创新的预算形式。它将政府预算以可衡量的绩效为基础，将预算使用者的关注点从资金投入转向资金产出与成果，强调责任和管理意识，从而提高政府预算支出的使用效益。绩效预算通过设定一定的绩效目标，按照设定的绩效目标分配预算资金，从而对绩效目标的完成情况进行绩效评价。国外对预算绩效评价的研究始于20世纪50年代，最初用于考核政府的治理成效。20世纪80年代，国外学者将预算绩效评价应用到高校并展开了相关研究。相对于其他国家，美国和英国的研究较为成熟。

由于受经济下行压力与减税降费政策影响，中国政府财政收入增速明显放缓，但用于提升人民幸福感的各项公共支出逐年增加，社会发展正面临财政资金有限供给与需求增长之间的矛盾。长期以来，中国财政资金存在“重投入轻管理、重支出轻绩效”问题，部分预算资金闲置沉淀，低效或者无效乃至损失浪费等问题在部分领域尤为突出。根据2018年《关于全面实施预算绩效管理的意见》（以下简称《意见》），财政部明确提出预算绩效管理的目标和时间表：到2020（2022）年底，中央部门和省级层面（市县层面）要基本建成全方位、全过程、全覆盖的预算绩效管理体系，做到“花钱必问效、无效必问责”，大幅提升预算管理水平，增强政策实施效果。

高校承担着教学科研、培养人才、服务社会和传承与创新民族文化的责任与使命，承载着国家与民族的未来。一直以来，我国中央和各地政府都非常重视高等教育，各级财政也都不断对高校进行资金支持。随着各高校扩招，办学规模的扩大，学校对资源的需求也不断增加，办学的经济效益和社会效益也越来越突出。中国政府在2003年引入绩效管理以来，在借鉴国际先进经验的基础上，学术界和实务界就在不断探索一套适合国情的预算绩效管理制度和模式。高校全面实施预算绩效管理，不仅是为了顺应国家政策的要求，更是为了促进自身发展的需要。完善预算绩效管理工作，是现阶段高校寻求发展的必然之路。然而，预算绩效管理在我国高校目前处于起步和探索阶段，存在很多漏洞。这就更加需要高校对预算绩效管理体系深入研究，建立健全预算绩效管理制度，运用预算绩效管理助力高校稳健发展，增强高校综合实力。

我国高等教育通常分为研究型大学、应用型高校和高职高专三个层次。研究型大学主要培养学术型和工程研究型人才；应用型本科高校指其他一般本科高校，是由 2014 年之后地方性普通本科高校逐步或整体转型而形成的以就业为导向的，服务于区域经济建设，培养模式更符合产业需求的高校；高职高专则主要教育培养技能型人才。本书主要以数量庞大，尤其注重与企事业单位共建应用研究的高校为例展开绩效管理及评价指标体系构建。

二、高校实施预算绩效管理的必要性

（一）绩效管理的内在要求与高校经费管理需求存在一致性

勤俭节约既是中华民族的传统美德，也是我们党的优良传统，是国家强大、民族兴旺、事业发展的重要基础。勤俭节约无论过去还是现在甚至未来，都是需要我们长期保持的重要思想和行动。勤俭节约就是要懂得成本与效益的价值思想，深知资源再生的有限性和消费需求的无限性。厉行勤俭节约本质上传递的是要有清晰明确的事业规划与干事计划，管理决策与实施要统筹安排、合理有序，经费预算结构不断优化，实现预算绩效最大化。

高校本身是非营利的事业单位，经费来源的单一性和事业发展的公益性，客观要求是管好、分配好和用好财政办学经费，发挥资金效益，为高校人才培养、科学研究、服务社会和文化传承等事业发展提供财力保障。预算绩效管理符合高校教育经费管理要求，与高校严肃财经纪律、规范财务管理的内在要求是一致的。绩效管理就是提倡加大经费科学分配力度，加强经费绩效管控。高校应积极主动压缩日常一般性、行政性支出，加大高校民生、教学、科研事业发展经费的投入，优化办学经费支出结构，发挥经费的使用效益。

（二）当前国家财政形势客观要求高校切实履行绩效管理

多年来，国家财政按照教育经费投入不低于 GDP 的 4%、生均财政拨款 12000 元的要求，持续加大高等教育经费投入力度。然而，受国内外政治形势、经济形势的影响，特别是2020年以来的疫情影响，国家经济增长压力较大，按照党中央、国务院部署，扎实做好“六稳”工作，通过减税降费、对企业和个人补贴、保持流动性充足和降低银行利率利息等来加大对经济发展的内在驱动。国家财政的收支压力直接影响到教育经费的总量投入，特别是地方财政的供给能力有待提高。近年来，高校政府会计制度改革、预算一体化改革、全面绩效预算改革、地方债务专项推行、高校生均培养成本调研、高校学费标准论证等政策实施，切实让高校感受到了财政投入的有限性，高校绩效管理不再是一句空话，高校必须用实际行动提前做好规划和管理教育经费的调研工作，加大对绩效管理的宣传，增强高校师生勤俭节约的思想意识。

（三）财务收支压力促使高校加强绩效管理势在必行

近年来，随着高校多校区发展，高校规模逐步扩大，高校收支总量总体增加，但收支平衡压力加大。高校在生均财政拨款、学费标准持续稳定的情况下，受对外联合办学、继续教育、社会培训、校企改制等政策约束影响，增收日益萎缩。但随着高校内涵式发展，高校各项本科教学质量评估、专业认证评估等指标要求，高校教学、科研事业、基础设施条件等方面的经费投入加大。学校在保证基本运转，确保民生的情况下，事业发展资金缺口逐年增大。由此，在高校自我增收创收能力缺乏、银行贷款受限的情况下，高校资金来源紧张，财务压力逐步显现，高校加强绩效管理迫在眉睫。

三、研究意义

全面预算绩效管理是教育现代化体制改革的重中之重，如何开展好、落实好预算绩效管理相关文件精神也是各大高校财务工作的重点。我国高等教育已进入追求质量和效益的阶段，高等学校肩负更加艰巨的任务，要做好推进教育治理体系和治理能力现代化的先头部队。但是，当下高校在全面预算绩效管理的体系建设中，多数高校仍然存在薄弱环节，从绩效意识到制度建设均需要不同程度地优化提升。

（一）理论意义

目前国内外学者对高校预算绩效管理问题关注时间较短、理论和实例研究较少，尤其在我国颁布实施新预算法后，对预算绩效管理的要求更加明确。

本书是以新预算法和新条例的实施为背景，研究修订后的预算法以及预算法实施条例对我国高等院校预算管理的影响，并构建科学、合理的高校预算绩效评价体系，不仅可以使现有的研究成果更加丰富，而且可以为高校的预算管理改革提供理论支持。

（二）现实意义

1. 促进高校落实预算绩效管理理念

随着会计制度不断完善与健全，对高校预算绩效管理工作的要求也随之提高，传统预算绩效管理过程中存在的问题较多，已经无法满足现代高校发展的需要，导致高校发展过程中经常出现资金不足等问题，影响高校持续稳定发展。行政事业单位会计制度背景下，应将预算管理和绩效管理工作结合起来，为推动高校持续稳定发展奠定十分坚实的基础。应采取积极有效措施不断优化和升级高校预算绩效管理工作，不断更新相关工作理念，确保预算绩效管理工作顺利实施，促进预算管理水平获得提升。

2. 有效提高财政高校资金配置效率

当前时期，提高高校财政资金配置率的一个重要措施就是最大限度地降低一般性支出，合理分配现有资源，将高校财政支出结构进一步进行优化处理。

3. 助推高校预算绩效管理监控

强化监控工作，是高校开展预算绩效管理工作的一项十分重要的工作内容，其主要目标是确保预算执行过程中可以合理应用资金，充分发挥资金的效果，加快实现预算绩效目标。对预算绩效管理全过程进行监控，便于管理人员发现工作中存在的问题和不足，并及时采取措施进行解决，提高预算绩效管理工作的有效性。

第二节　研究思路和研究方法

一、研究思路

本书首先对国内外预算绩效管理的相关研究文献进行归纳总结，目的在于了解当前在高校预算绩效管理方面的研究现状，为研究提供理论基础和方向；接着对预算绩效管理的相关理论进行分析，了解预算、预算管理、绩效管理及预算绩效管理的基本含义，为后续研究辨明研究范畴；梳理国内外现有预算绩效管理实践过程中所形成的法规、政策，了解其成功或失败之处，为本书的研究提供法规、政策支持；然后通过对世界四大权威机构大学排名指标解读，以及对我国政府对高等教育的相关政策分析，解读教学、科研、社会服务、文化传承与创新和国际影响力为高校预算绩效管理的五大要素；在此基础上构建我国高校预算绩效拨款管理体系，设计高校预算绩效管理的关键绩效指标；最后，对我国高校预算绩效管理评价结果应用情况进行分析和展望。

期望本书的研究成果能为我国高校预算绩效管理优化设计提供一些有实践意义的参考。

二、研究方法

（一）文献研究法

研究大量的国内外相关文献、国内外高校预算绩效改革相关政策法规等，了解国内高校预算绩效管理存在的难题，对我国高校预算绩效进行了文献综述和分析总结。

（二）比较分析法

西方国家在管理会计领域的发展早于我国，在绩效预算方面有着比较成熟的理论和工具方法，尤其是美、英、日等发达国家在预算绩效管理过程中有着丰富的理论基础和实践经验，对正处于预算绩效管理深化改革进程中的我国具有借鉴意义。在总结国际先进经验的基础上，结合我国国情，提出完善我国预算绩效管理理论基础、科学设计预算绩效管理指标体系，合理运用预算绩效管理工具方法等建设性意见和建议。

（三）访谈法

访谈法是指通过访员和受访人面对面的交谈来了解受访人的心理和行为的心理学基本方法。本书在撰写过程中，通过对教育行政部门管理人员、高校校长、高校管理专业院长、教授及财务部门相关工作人员等高校预算利益相关者访谈，了解高校预算绩效管理现状及存在问题，并探讨高校预算绩效管理指标体系构建的框架设计，指标设置和工具方法的选择。

尤其是在确定指标权重时，运用了专家访谈法。

（四）案例分析法

本书通过对盐城工学院等高校进行实地调研，从预算绩效管理体系的角度，了解分析高校预算绩效管理存在的问题，然后提出预算绩效管理体系构建原则和思路。

（五）数据分析法

通过对部分高校预决算相关数据进行分析，结合实地调研情况找出其预算绩效管理中存在的问题。

（六）总结归纳法

结合实地调研结果和数据分析结果，总结完善日常项目预算绩效考核机制，加强校内各相关单位绩效考核协同，督促校内各单位形成预算绩效管理意识，管控好预算经费，在经费使用上注重效益，从而实现预定预算目标。

第二章　预算绩效管理的文献综述

第一节　国外预算绩效管理研究现状

一、国外预算绩效的改革

绩效预算的提出最早可以追溯到1907年，当时美国政府的预算管理方式缺乏透明度，总和预算模式使得民众无法对国家财政收支进行有效监督，进而发生了一系列的财政资金浪费现象。为了解决这些问题，纽约城市研究局建议将预算与绩效评价结合，这是“绩效预算”这一概念的起源。1949年，胡佛委员会（即政府组织委员会）提出，政府财政治理中应该引入绩效预算。随后美国一些部门进行了尝试，但是由于受当时的技术手段、管理方法以及复杂的政治因素等多方面制约，并没有取得成功。与此同时，英国政府绩效管理的改革可以分为两个阶段：第一阶段，强调效率，这一阶段是从1979年到1985年，预算绩效评价强调投入产出比；第二阶段，强调质量，1985年以后，在绩效评价中重视社会效益以及满意度。

20世纪80年代以后，传统的预算方式、管理手段难以适应信息化、市场化、全球化的经济社会发展，在此背景下，绩效预算改革势在必行。1993年美国国会通过的《政府绩效和成果法案》为政府实行预算绩效改革提供了法律依据。凯伦·卡特（Karen Carter，1994）认为，在绩效预算改革制度层面，改革的形式不是单一的，而是多种多样的，其中主要有支出转移、选择性方案评估、绩效预算、支出控制预算等。2001 年的“总统管理议程”为联邦政府财政项目绩效改革提供了政治保障。2004 年，美国财政预算引入项目等级评价工具（Program Assessment Rating Tool，PART），为预算绩效提供数据支持。20 世纪末的新绩效预算（New Performance Budgeting），强调成果导向的预算资源配置。其中澳大利亚在包含财政预算在内的三个领域创建了一套全新的预算及预算报告制度，在政府工作中推行绩效评价改革。特里萨·克里斯汀（Teresa Curristine 等，2007）总结分析了 OECD 成员国绩效预算改革的历程，认为政府绩效预算改革能够提高政府对于资金使用结果的重视、提高政府信息的透明度、增强施政目标与结果的联系程度、提高公共管理效率。唐纳德（Donald，2016）则基于全面性视角，在对美、法、澳等七国绩效预算制度改革历程进行比较分析的基础上，指出渐进性变革是绩效预算取得进展的重要原因。何达基（AlfredTat - KeiHo，2018）通过总结不同国家几十年来预算绩效管理的理论与经验教训，提出在预算绩效管理理论需要概念化、系统化，预算绩效研究中应整合多年来预算规划、财务风险评估、政策规划、利益相关者参与、审计等多方面的建议，以提高政府财政资金使用效率与效益。

然而，绩效预算改革并不是一帆风顺的，绩效预算的实施仍然面临着许多困难。尤其是最近十多年间，随着实践的推进，西方学者们一直在反思绩效预算的这一潜在假设前提是否合理。因为，基于绩效预算概念基础上的各国改革实践并不完全成功。有学者提出由于政府事业的公共性、非营利性等特征，绩效只是政府资源配置的因素之一，绩效差并不完全意味着项目不可行，政治、政策等因素也影响着政府预算。也有学者认为绩效数据的真实性、绩效评价方法都影响着绩效信息的可靠性，预算绩效研究需要掌握不同因素的因果关系，建立完整的理论框架指导实践工作，同时需要用多种方法进行研究。

二、国外预算绩效管理的研究

（一）国外对预算绩效管理内容的研究

1. 绩效预算概念的研究

1949 年，胡佛委员会在《预算与会计报告》中首次提出“绩效预算”

(Performance Budget) 的概念，即在预算编制的过程中将绩效信息纳入考量。随后，国外政府机构和学术界不断探索和更新绩效预算的定义和概念。比如，英国财政部提出绩效预算中的绩效应当包括经济性、效率性和有效性，即目前被广泛应用的“3E”理论。而美国总统行政管理和预算办公室认为绩效预算的流程应当分为提前制订预算计划、选择可量化的绩效指标，最后基于选取的绩效指标衡量预算计划完成的效果。

2. 绩效预算的实施效果和难度

随着绩效预算在发达国家政府机构的应用和发展，学术界开始关注绩效预算的实施效果和难度。比如，学者布鲁姆（Broom）基于美国5个州的数据研究发现，州政府虽然在制订和考核预算计划时将绩效信息纳入考量，但本质上绩效信息并未对预算的制订决策产生显著影响，仅仅是形式上的绩效预算。学者吉尔摩与刘易斯（Gilmour and Lewis）实证分析了项目评估评级工具（PART）对预算计划的影响，发现绩效评估评级得分对预算计划有显著影响。他们的实证结果表明，绩效评估评级系统中“结果项”的得分对预算决策的作用弱于“项目目标项”的得分。换言之，该绩效评估评级系统无法完成绩效预算的目标，即无法将预算更多地分配给能够产生有效绩效的项目。他们认为这可能是由于缺乏恰当有效的绩效指标来准确衡量项目产出。学者弗林斯克和斯特布林克（Frisco and Stale brink）利用国会委员会进行预算审议的相关数据，研究发现国会在审议预算时只部分考虑了绩效评估评级工具（PART）的得分结果。

（二）国外对绩效评价的研究

绩效评价，即在绩效预算中如何合理地衡量绩效。绩效是绩效预算中极关键的概念，会对绩效预算的实施效果产生直接影响。如果在绩效预算中选取了不合理的绩效指标，可能导致预算实施效果更差。因此，学术界对绩效预算中绩效指标的选取也予以了关注。西方研究成果认为政府绩效评价与政府绩效审计是可替代的。该观点流行于英国、美国、澳大利亚等国。其逻辑模式：和谐社会建设+政府绩效管理+政府绩效评价=政府绩效审计。针对审计和评价关系的研究，将政府绩效审计等同于政府绩效评价。从国际视角，最高审计机关国际组织（IN-TOSAI）第十四届会议把项目评价纳入绩效审计范畴，认为项目评价也是绩效审计；承认项目评价是帮助审计机关完成绩效审计的一种有效方式。审计人员和评价人员更多的是合作关系，而非竞争关系。这也是发达国家审计机构承担了大部分绩效评价工作的主要原因。

1. 绩效评价指标研究

2005 年，联合国评价小组发布《联合国系统评价规范》，认为绩效评价主要是通过对成果、过程、各影响因素以及因果关系的分析，判定是否实现了预期成果及实现程度，遵循独立性、公正性、参与性、可评价性、公开性、学习性等共性原则，强调各组织活动的目标相关性、影响、效果、效率以及可持续性。学者凯利（Kelly）认为一个完整的绩效评价报告，应包括使命陈述、服务目的、绩效目标、绩效指标、绩效标准、计算方法、数据审核、数据分析等要素。英国审计署提出了经济性、效率性和有效性，即“3E”评价标准。随着“公平性”的日益重要，又有学者提出了“4E”标准。绩效评价从注重资金价值拓展到公共价值，社会公众的满意度逐渐成为终极标准。

2. 绩效评价方法研究

在测量方法上，学者奥特利（Otley）在具体环节上建立了绩效管理控制系统框架，围绕实现目标、采用战略计划、设定目标、奖惩以及信息反馈循环等五个方面构建。有学者通过对美国和加拿大的市政府的调查结果，认为平衡计分卡只是被有限应用，坚信其仍是一种有用的管理工具，希望通过非财务维度描述绩效目标的有效性。学者利特（Leeetal）通过以资源为基础的组织理论（RBV）将组织资源纳入公众对政府组织绩效研究，用评估各种资源对企业绩效影响的方法，去评估组织资源对政府有效性的不同影响。

三、国外高校预算绩效管理的研究

（一）高校预算绩效管理必要性相关研究

学者尼尔和史密斯（Neal and Smith）通过对美国印第安纳大学责任中心模式的实施情况进行分析，发现责任中心模式的引入能够促进各学院提高收入并降低成本，是高校预算管理系统中有效的绩效评价系统。学者博格与科伊纳（Borgia and Coyner）通过分析美国各高校实施绩效预算的过程和成果，发现在高校引入和推广绩效预算有效提高了美国高校的教育经费使用效率。学者盖瑟（Gaither）等人认为在高校中实施绩效拨款，即将绩效指标运用到高校的预算分配环节，有利于优化高等教育领域的资源配置，从而进一步提升高等教育资源利用效率。学者拉泽尔（Layzell）对比分析了各国在高等教育领域对绩效指标的运用情况，分析了各国所使用指标的缺陷和局限性，提出绩效拨款实质是指绩效指标在预算分配领域的应用。学者戈特瑞和诺依曼（Guthrie and Neumann）基于澳大利亚高等院校的案例分析，认为澳大利亚高等院校正在逐步转化为市场导向，在这样的背景下，有必要引入绩效评价和绩效预算以提高高等院校的资金使用效率。学者哈利德（Khalid）指出随着高等教育机构间国际化竞争日益激烈，高校有必要加强自己的管理能力并在管理中使用信息系统，采取更有效的监督机制对绩效进行监测和评估。

（二）高校绩效评价的相关研究

高校绩效评价相关研究，即如何合理地衡量高校的绩效。合理的绩效指标选取和构建是高校预算绩效管理的核心和难点。在高校财务管理中，许多其他国家相继引入预算绩效管理评价指标体系，并对其不断完善。

1. 高校绩效指标的用途

从20世纪80年代开始，美国公众和研究者开始关注高等教育质量的提高和公共责任问题。20世纪80年代的绩效评价行动（Assessment Movement）中，高校根据自己制订的评价标准评估办学绩效；20世纪90年代的问责行动（Accountability Movement）中，要求高校绩效评价时采用普遍、适用和可比的绩效指标。在美国，绩效指标的运用逐渐规范。评价行动基于组织机构层次的视角，属于内部绩效评价，促进了高校绩效指标的建立和完善；问责行动基于高校外部的视角，属于外部绩效评价，对该行动的关注促进了高校绩效评价的发展。绩效预算和绩效拨款都体现了绩效指标与预算资源分配的紧密相关性。

2. 高校绩效导向的预算分配、编制与执行

20世纪90年代，西方国家注重绩效信息在绩效预算全过程中的应用，在预算编制、预算评审、预算执行和绩效评价及审计环节都有不同程度、不同方式的运用。问责行动大规模开展，三种绩效管理形式应运而生，即绩效报告、绩效拨款和绩效预算。绩效报告只是对公众参与有一定影响，并没有体现与拨款的密切相关性。在绩效拨款和绩效预算中，绩效的重要性才得以体现，如确定高校绩效目标、改进高校绩效和达到一定的绩效标

准。学者伯克（Burke）等人就公立高校绩效拨款的现状与未来展望、适用性和有效性、绩效报告等问题发布了7份研究报告，研究了美国高等教育绩效与预算融合的相关问题。美国部分高校在预算编制时考虑了绩效因素，提高了资源分配效率。绩效预算编制方法在美国科研机构得到了广泛应用。学者希尔和鲍尔（Seal and Ball）分析了公共部门预算决策和制定流程，对高校预算编制方法进行探讨，运用控制论对如何实现短周期预算和长周期预算编制的平衡进行了阐释。

3. 高校绩效评价的应用效果

在预算过程的不同阶段都可以使用绩效信息，重点是对实用性和绩效评价结果的应用。对高校绩效的评价最早可以追溯到1910年的美国大学排行榜。世界各国政府和教育部门对高校进行的各类评价和排名不仅在高等教育领域，而且在社会上都产生了强烈反响。学者杨周复指出，尽管评价和排名的目的主要在于检查、监控和评价，很多高校还是竭力提高学术声誉和社会影响，并且开始抢夺稀缺的优秀生源、专业研究人员及其他优质资源。美国最著名的高校排行榜是自1983年起由《美国新闻与世界报道》发布的。从1995年起，该排行榜按最新的卡耐基分类法对高校进行分类，评价指标包括学术影响、师资水平、生源质量、校友满意度和财力资源等指标。詹姆斯·格思里和路斯·诺伊曼（James Guthrie & Ruth Neumann）分析了澳大利亚高等教育环境由学术导向转变为市场导向过程中，高校对国家和地区经济的贡献、高校资金来源结构的变化以及提高，资金使用效益采取绩效评价的必要性，强调绩效导向系统对学术研究工作和高等教育部门工作的重要性。

国外进行预算绩效评价时，平衡计分卡方法受到了认可。学者瓦尼肯（Zwanikken）对斯里兰卡大学进行实证研究，利用调查问卷并结合该学校特性选取指标，从平衡计分卡角度建立评价体系，并将体系指标运用于该大学绩效评价研究。学者佐尔法里（Zolfani）采取平衡计分卡方法对本国私立学校进行实证调研，得出了内部过程是最有效角度的结论，提出了5个指标，即学术卓越、学校品牌、学生满意度、产品质量、预算控制。学者巴德里（Badri）从高校实际情况出发，建立预算绩效评价体系，采用层次分析法设置权重，基于平衡计分卡四个不同维度对预算绩效评价结果进行分析，提出了问题和解决措施。平衡计分卡用于高校领域的不在少数，但大家对于指标维度理解存在差异，目标设定有所不同。

（三）国外高校预算绩效评价的发展

20世纪80年代开始，美国在高等教育领域开展绩效评价行动（AssessmentMovement），高校自身制定评价标准来评价资金效益；20世纪90年代，美国实行大规模的问责行动（Accountability Movement），要求建立普遍适用的、可比的绩效评价指标。之后的许多学者在对高校预算绩效评价进行研究时，都在尝试建立预算绩效评价体系。

1999年，英格兰高等教育基金管理委员会（HEFCE）在高等教育领域建立了一套绩效评价体系并开始逐年修订。与此同时，设立专门的机构对评价指标体系的应用与科学化的发展进行监督，保证评价体系的客观性、全面性与科学性。

德国的高等教育管理分别由所在区域的16个德国联邦州负责，德国的高等教育预算主要来源是国家助学金，如何建立绩效导向型资金分配制度是德国高等教育资源配置的一个重要问题。20世纪90年代初，一些地区的高等教育拨款就开始使用绩效导向模型；到了2004年，11个州的高等教育拨款都使用公式预算法作为拨款的方法之一，以此来激发高校之间的竞争。然而，各个州的指数导向资金拨款比例差异巨大，从5%至95%不等，而且基本集中于教学领域，并非高等教育的所有领域。

20世纪80年代，澳大利亚推行高等教育大众化，导致高等教育经费需求不断上升。1999年，澳大利亚开始推行高等教育预算绩效改革，将绩效评价指标引入高等教育科研拨款领域。自2012年起，澳大利亚每年拨付一定比例的绩效经费，与高校教学成果挂钩，“教学质量指标”开始成为澳大利亚教育资金拨付的标准之一。

第二节　国内预算绩效管理研究现状

一、国内预算绩效管理制度的发展

自20世纪80年代初，我国重新恢复建设行政管理学科以来，行政管理效率和行政管理效能一直是该学科研究的重点领域，因此，目标管理、绩效评估、绩效管理等能够有效提高行政效率和效能的技术方法也成为该学科研究的重点。特别是自 20 世纪 90 年代开始，我国学者在研究西方绩效管理实践和特点的基础上，结合我国国情和政府组织的特点，对政府绩效管理问题展开了广泛的研究和探讨，提出了政府绩效管理相对完善的理论和方法体系。

2009 年财政部印发了《财政支出绩效评价管理暂行办法》，但财政支出绩效评价只是事后评价，如果不能与绩效目标设置、预算分配等紧密挂钩，就无法真正发挥作用。所以，财政部又先后出台了《关于推进预算绩效管理的指导意见》（2011）、《中央部门预算绩效目标管理办法》（2014）、《中华人民共和国预算法》（2015）和《中华人民共和国预算法实施条例》（2020），均对预算全过程中的绩效目标管理、绩效评价和绩效结果应用作出了明确规定。其中 2011 年，财政部在《关于推进预算绩效管理的指导意见》中明确提出要逐步建立"预算编制有目标，预算执行有监控，预算完成有评价，评价结果有反馈，反馈结果有应用"的全过程预算绩效管理，有专家认为这标志着预算绩效管理理念的正式确立。2017 年 10 月，《政府会计制度——行政事业单位会计科目和报表》出台，这是我国财政部发布的一项重要文件，它于 2019 年 1 月 1 日起开始执行，也是我国政府会计改革的一个重要标志。在新的会计体系下，虽然没有对预算编制的方式和依据作出明确的规定，但是新《政府会计制度》的执行涉及高等学校整体预算的每一个方面。高校预算管理工作会很大程度地影响该校财务报告的质量。为了保证新《政府会计制度》的顺利执行，高等学校必须进行全面的预算管理。

在总结多年探索经验的基础上，2018 年 9 月中共中央、国务院正式印发了《关于全面实施预算绩效管理的意见》，预算绩效管理改革由此走上快车道。张强等专家（2022）指出当前存在绩效目标设置不合理、覆盖面有限、绩效信息透明度不高等诸多亟待解决的突出问题。全面实施预算绩效管理是政府治理方式的深刻变革，是健全现代预算制度的重要标志，与国家治理现代化内涵一致、高度契合，对推进国家治理体系和治理能力现代化具有重要意义。我国预算绩效管理政策的发展演进如表 2-1 所示。

表 2–1　我国预算绩效管理政策梳理

序号	内容相关	制度名称	文号
1	法律依据	《中华人民共和国预算法》（2018 年修订）	—
2		《预算法实施条例》（2020 年修订）	国务院令第 729 号
3	预算绩效管理体系	《关于推进预算绩效管理的指导意见》	财预〔2011〕416 号
4		《中共中央、国务院关于全面实施预算绩效管理的意见》	中发〔2018〕34 号
5		财政部关于贯彻落实《中共中央、国务院关于全面实施预算绩效管理的意见》的通知	财预〔2018〕167 号
6		《教育部关于全面实施预算绩效管理的意见》	教财〔2019〕6 号
7	绩效目标管理	《中央部门预算绩效目标管理办法》	财预〔2015〕88 号
8		《中央部门项目支出核心绩效目标和指标设置指引（试行）》	财预〔2021〕101 号
9	绩效运行监控	《中央部门预算绩效运行监控管理暂行办法》	财预〔2019〕136 号
10	预算绩效评价	《预算绩效评价共性指标体系框架》	财预〔2013〕53 号
11		《财政支出（项目支出）绩效评价操作指引（试行）》	中评协〔2014〕70 号
12		《项目支出绩效评价管理办法》	财预〔2020〕10 号
13	引导与规范第三方参与绩效管理	《关于委托第三方机构参与预算绩效管理的指导意见》	财预〔2021〕6 号
14		《财政部关于推进政府购买服务第三方绩效评价工作的指导意见》	财综〔2018〕42 号
15		财政部关于印发《第三方机构预算绩效评价业务监督管理暂行办法》的通知	财监〔2021〕4 号

预算绩效制度引领世界各国财政管理改革的方向，但实践证明，知易行难。自 1999 年我国启动预算支出绩效评价试点以来，专家学者从培养绩效意识、完善制度体系、提高预算透明度、建立绩效指标体系、完善评价方法、推进信息化建设、健全管理机制等各个方面提出了诸多建议。形成的共识是：用经济学的理性分析改善预算决策，以预算能力的提高促进政府绩效的改善，是一个循序渐进、潜移默化的螺旋式上升过程。邓毅（2013）建议在评价对象、试点层面、控制系统和结果应用等方面先易后难。夏先德等（2014）提出分条目预算、项目预算、产出预算、结果预算等四阶段逐步推进。

在体制机制方面，曹堂哲等（2017）建议预算改革与政府改革协同推进；适应政府治理新要求；强化绩效评价技术和能力；挑选基础好的地方试点绩效预算。夏津津等（2018）建议构建“预算编制必须要目标、预算执行必须要监控、预算完成必须要评价、评价结果必须要应用、无效结果必须要问责”的绩效管理新机制。马国贤等（2018）建议要加强顶层制度设计，理顺三大评价机构的关系，一个部门设计一套绩效指标，形成基于“互联网+”的绩效信息体系。

在实施路径方面，马蔡琛（2018）建议建立各利益相关主体广泛参与的预算绩效共同治理模式，实施全口径预算意义上的绩效管理。王泽彩（2018）提出“五化”路径，即实现预算程序法定化、促进绩效问责一体化、推动公共服务标准化、支持预算决策科学化、强化预算制度的规范化。刘成奎（2018）建议加强顶层设计，整合相关部门力量推进落实；实施绩效评价时抓大放小、逐步扩面；强化对“四本预算”的绩效评价与管理；推进部门与机构、专家学者、媒体与公众等的全面参与。

在工作重点方面，白景明（2018）建议推广部门预算整体支出绩效管理制度；推进绩效管理覆盖全面政府预算；各级财政均衡推进绩效管理；构建支出政策绩效管理体系。刘国永（2018）建议整合构建政府绩效大数据采集系统、标准化数据管理系统、预算绩效数据分析及应用系统。

二、国内对预算绩效改革的研究

在进行政府预算绩效问题研究时，一些专家学者分析了国内预算绩效改革的实际情况，从国内改革实践中总结预算绩效改革面临的问题、具体实施路径以及政策建议。李海南（2014）分析了预算绩效改革的内在因素与实践历程，认为预算管理进行绩效改革是我国发展的必然趋势，但是目前还受到传统文化、行政管理体制与管理能力、法律以及预算透明度等方面的影响。余红艳、储德银（2015）通过研究我国现阶段的预算制度与预算环境，分析了我国当前预算制度面临的约束，提出优化预算制度的路径之一是需要坚持绩效理念，加强预算绩效管理。王淑杰（2019）总结了中国地方政府预算绩效改革面临的财政压力大、管理水平低、实践能力落后于中央部门的现实情况，提出地方政府实行预算绩效改革在预算绩效改革落后、评价目标体系建设不科学、绩效理念缺失、配套制度不完善等方面面临的困境并提出推进改革的实施路径。学者们从多种视角对预算绩效改革进行了理论研究。李燕、王晓（2016）通过构建回归模型，研究财政透明度对于财政资金效率的影响，并提出提高财政支出效率的政策建议。吴俊培、程文辉（2018）构建了在信息不对称条件下的预算绩效管理的博弈模型，认为当前预算绩效管理中存在项目杂乱、资金使用效率低，成本高等问题，提出强化预算绩效管理，需要加强绩效目标监控与结果问责机制、推进预算绩效评价与反馈等，提高预算资源配置效率。崔惠玉、周伟（2020）分析了中期预算与绩效预算的内涵与联系，认为在中期预算视角下，我国预算绩效改革的规划、目标设定与监控要与中期预算结合，同时完善绩效评价结果应用与反馈机制。马海涛、孙欣（2020）从结果应用的角度研究推进预算绩效管理的方法，认为当前预算绩效评价结果存在公开度不够、与预算安排不关联、问责难等问题，从制度保障、评价结果、环境因素等方面分析原因，从而构建了约束激励机制的评价结果应用体系与实施框架，推进预算绩效评价改革。

国内学者已经意识到政府预算绩效管理制度供给与制度需求的矛盾日益突出，就顶层制度设计的重要性和迫切性也逐渐达成共识。李银珠（2008）认为政府还应健全依法执政、规范与约束自身行为的机制，来提高公共支出效率。刘江宏（2008）认为政府绩效评价价值、评价基础和评价技术，最后都归根于制度安排。陈新（2014）认为政府绩效评估要寻找制度安排上与西方国家的偏差，从技术层面解决政府公平和效率的问题。王泽彩（2016）提出应完善预算绩效管理的顶层制度、具体制度和操作制度。张明军（2017）认为政府的注意力应更多地集中于规则的制定。马蔡琛（2017）提出中国的财政支出绩效评价需要及时转向顶层设计，探索构建具有中国特色的财政支出绩效评价的逻辑模型。刘晔（2017）基于制度视角，认为顶层设计方向应体现以民为本的公共价值根本，通过规范财政分权去推进财政改革可持续化。齐守印等（2018）认为当前公共经济绩效管理体系还未法治化，顶层设计尚未完成，提出实现公共经济绩效管理的法治化，加快研究拟订全国统一的公共经济绩效管理方案。

当前我国中央层面尚未对政府预算绩效管理具体的模式进行顶层立法，主要是地方政府为实践提供合法依据而出台的地方性行政法规文件，但各地出台的相关法规和制度的标准不一致，大大降低了其权威性。国内专家学者就当前中国的政治和经济环境，应当建立何种预算绩效管理机制或体系进行深入的分析。王会金（2014）、颜海娜等（2016）提出绩效管理的协同治理思想也广泛被认可，即“政府绩效只有通过‘合作生产’过程才能得以形成”。包国宪等（2017）提出“绩效领导”这一结构性概念，认为绩效领导是由政府主导，在绩效生产过程中管理公共价值冲突、减少绩效损失的协同机制，其功能由协同传导系统承载。曹堂哲（2017）则是建议借鉴美国联邦政府管理与预算办公室（OMB）模式，以预算绩效管理部门为主导，通过建立全面实施预算绩效管理机制，推动政府和国家各个层面全面实施绩效管理。郑方辉等（2017）总结“广东模式”实践经验，提出现实条件下，构建了由人大主导、政府部门协同、第三方实施的财政绩效评价新模式。

绩效标准方法作为一种技术性分析，其科学性和合理性直接关系着绩效评价信息质量及其结果的应用。绩效指标是常用的标准方法之一，如何构建科学的指标体系成为研究的热点。在维度方面，王欢欢（2017）、刘小梅（2017）、王瑞华（2017）等引入企业绩效管理的平衡计分卡，并在对其四个维度进行修正基础上设计二三级指标，使之适用于政府预算绩效管理。在指标确定上，关键指标法应用广泛。田五星等（2017）提出将关键绩效指标与目标管理相结合，应用到公共部门绩效管理。周景坤（2016）制定关键绩效指标法的主要内容和实施步骤来评价高校教师工作绩效。实践应用上，华南理工大学绩效评价中心实施的第三方评价，采用层次分析法和关键指标法。虽然指标设计方面研究不断深入，但是仍然存在具体操作不明确等问题。刘朋朋（2017）认为绝大多数的研究成果存在着理论性强而应用性不足的问题，因而提出绩效指标体系的设计要考虑理论的严谨性与实践的应用性的结合，在指标的构成成分、适用对象和注意事项等方面进行了详细的阐述，让使用者知晓其原理和使用方法。马蔡琛（2017）认为指标忽视了按照评价对象资金规模的大小，区分不同资金量级的绩效评价方法，应从“统一评价”到“分类评价”，适当区分中小型项目的简洁性绩效评价和大型项目的综合性绩效评价。预算绩效管理最终输出绩效信息，并作为预算管理的依据。政府会计信息为公共支出绩效评价提供了可靠的成本信息，便于成本效益分析法的应用。

政府会计以及政府综合财务报告的绩效导向逐渐达成共识。孙琳等（2013）在会计的反映和监督职能基础上，扩展了政府会计的职能即对公共部门的绩效评价和对官员的激励约束，建议建立与绩效预算制度、政府会计制度和政府绩效评价体系的衔接机制。陈志斌（2015）认为缺乏政府会计信息的支撑，会导致政府绩效评价的内容不完整、整体不客观和结果不真实，降低政府绩效评价的科学性和准确性。徐经长等（2018）认为政府会计改革始终是以政府绩效评价为导向进行的，它为新时代全面实施绩效管理提供了更为科学的管理理念和重要的信息保证。

三、国内预算绩效管理的研究

预算绩效管理是中国在总结和借鉴国外绩效预算理念的基础上，结合中国国情和预算管理实践，提出的一种新型预算管理模式。我国最初关于预算绩效管理的研究始于对国外绩效预算理论和实践情况的分析。比如，陈穗红（2001）通过分析国外绩效预算实施情况和效果，为我国进行预算绩效提出了政策建议。随后，我国学术界对预算绩效管理的概念、实施过程和效果，及其与国外绩效预算的区别和联系都进行了大量探索，本书主要从预算绩效管理的定位、如何进行绩效评价和实施过程三个方面对已有研究进行梳理和总结。

（一）预算绩效管理在我国行政体制中的定位问题

孔志峰（2007）在其专著《绩效预算论》中指出预算绩效管理的改革会对我国各级政府履行其职能的方式产生直接影响，推进预算绩效管理模式意味着需要使预算绩效管理中的绩效指标与各级政府部门的预算更紧密地联系。宋芳秀（2009）深入分析了上海浦东新区试点预算绩效改革的案例，提出实行预算绩效管理是我国优化公共资源配置的必然选择，也是深化地方政府预算改革的核心。黎旭东和许航敏（2011）在探索公共财政理论体系时，以公民幸福体系为目标，对财政分配方式和预算绩效管理进行了评价，指出预算绩效管理机制实现了制度分配，提高了各部门的运作效率，进而有利于提升公民幸福感。

（二）绩效评价相关研究

虽然我国已经初步建立符合我国国情的预算绩效管理体系，但仍然存在绩效评价结果不合理等问题（邓毅，2011）。因此，与国外研究一致，我国学术界也对绩效指标的选取和评价方法进行了研究。岳海洋和王睿指出目前我国绩效评价指标的设计选取还存在问题，其与预算决策过程的相关性还较弱。

（三）预算绩效管理实施过程

从20世纪90年代引入预算绩效管理以来，我国先后在各省市县地区进行预算绩效管理试点，不断深化预算体制改革，但当前中国的预算绩效管理改革成果距离真正意义上的预算绩效还有一定差距，存在很多不足和难点。比如，选取和构建适当的绩效指标难度较大、财政部门与支出部门权力结构难以调整等（牛美丽，2012）。此外，王雍君（2008）对我国预算改革的发展历程进行了梳理，他也提出如何将绩效评价相关信息融入预算决策，建立绩效评价与预算决策的直接联系是我国目前预算改革的核心和难点。因此，在预算管理改革进程中，我国学者也基于我国独特的行政体制和财政体制，进一步探索如何在中国推行预算绩效管理，即如何构建具有中国特色的预算绩效管理体系，以期为后续预算绩效管理的进一步实施和推广提供政策建议。潘修中（2008）基于我国特殊的行政体制和财政体制，从委托代理理论的视角分析了我国预算绩效的实质，并提出中国要设置不同层面的预算绩效管理制度。他认为，虽然目前我国已经推行了自上而下的预算绩效管理，已拓展到部门层面和项目层面，但仍缺乏关于政府绩效的多层次评价体系。邓毅（2011）认为项目层面的预算包含更多技术性因素而非政策性因素，且与公民的利益直接相关，而地方公共支出也与公众需求直接联系，均有利于更准确地测度群众满意度等绩效指标，因此我国预算绩效管理改革应当进一步拓展到项目和地方层面。

马蔡琛等（2006）提出欧洲模式更为强调政府对议会的受托责任，而英美模式强调的是政府对公众的受托责任。吕昕阳（2011）对典型发达国家的绩效预算进行系统研究后，归纳了几点认识，主要包括：重视政府的支持和有效的法律保障，重视建立有利于绩效预算的制度环境，注重建立有效的预算控制模式等。陈工（2006）认为，预算绩效改革是政府管理文化的根本性变化，从原来只注重投入转向重视产出和结果，必须有强大的改革力量和强烈的共识才能推行；从国外实践看，都是在对传统预算制度的缺陷和绩效预算优势的认识方面有共同看法的基础上，才促进了绩效预算的改革。王志扬（2011）从预算绩效制度建设的角度提出，预算绩效的有效实施依赖一系列的制度建设，包括提高政府预算的完整性和透明度，建立政府预算绩效评估制度框架，政府预算会计和预算领域政府绩效审计制度达到一定水准，提出可操作的预算绩效评估指标体系及其量化方法。在加强对绩效预算控制方面，于爱晶（2006）对美国、英国、澳大利亚、新西兰、加拿大等国家进行比较后指出，凡是开展绩效管理的国家，都在实施绩效目标预算，只有加强绩效监控，责任才可能得以落实；在预算管理中，缺乏有效的绩效监督，就是放弃对预算执行效益信息的收集，既无法掌握预算是否得到有效执行，也难以评价预算本身的效益性与合理性。吴永立（2013）强调，西方国家都在采用复式预算，在预算编制的过程中，针对某一部门以“活动”为基础进行编制，通过实行复式预算，确认绩效预算的可使用资源，这种制度是有效控制政府公共支出的基础，提供了有关行政效率的充分信息。

当前，我国政府提出了“预算绩效管理”（BPM）的概念，以区别于西方常用的“绩效预算”或“基于绩效的预算”，强调政府预算的绩效管理和以绩效为导向的预算制度管理两个方面。马蔡琛等（2022）指出建设预算绩效管理框架要充分体现法治化和规范化的特点，要注重结果导向，预算绩效指标的更新需要因地制宜，符合实际使用的需要。赵早早等（2023）强调应关注“预算绩效管理”的双重内涵的理论解释，加强管理和政治两个维度的改革协同，不断创新和发展新的改革路径。张强等（2023）从 PDCA 循环理论出发，指出 OECD 国家绩效预算改革的经验对中国全面实施预算绩效管理具有重要启示意义。

四、国内高校预算绩效管理的研究

进入 21 世纪，我国开始了预算绩效评价方面的研究，尤其是进入新时代发展阶段，对于预算绩效评价方面的研究呈现出蓬勃发展的态势。2003年我国首次提出了政府会计制度中要融入“预算绩效评价”的理念，并指出构建预算绩效评价体系的具体要求，国家财政部门也制定了预算绩效评价体系的长期发展规划。自此之后，国内相关学者不断深化在预算绩效评价方面的分析和研究工作。财政部、教育部在《预算绩效评价共性指标体系框架》（财预〔2013〕53号）中要求：在绩效评价指标构建时，包括单位整体绩效评价指标构建应既要根据具体绩效评价对象的不同，以《预算绩效评价共性指标体系框架》为参考，在其中灵活选取最能体现绩效评价对象特征的共性指标，也要针对具体绩效评价对象的特点，另行设计具体的个性绩效评价指标，同时，赋予各类评价指标科学合理的权重分值，明确具体的评价标准，从而形成完善的绩效评价指标体系。2021年，为深入贯彻落实《中共中央、国务院关于全面实施预算绩效管理的意见》精神，提升中央部门项目支出绩效目标编制质量，推动加强和改进绩效自评工作，根据《中央部门预算绩效目标管理办法》《项目支出绩效评价管理办法》等规定，财政部又发布了《中央部门项目支出核心绩效目标和指标设置及取值指引（试行）》。据此要求，全国高校在预算绩效拨款管理考核评价中，必须结合此指引中所包含的核心绩效目标和指标进行。

（一）关于高校预算绩效的必要性

作为社会资源的重要组成部分，高等学校的资源同样具有稀缺性。高校合理配置资源的重要性显而易见。绩效评价及其结果运用是高校资源合理配置的基本手段之一。梁伟民（2014）在研究中指出：预算绩效评价是实现我国财政管理体制改革的重要基础，可以提升国家财政拨款方面的科学合理性。同时也认为高校想要提高资金使用效益应当提高预算绩效评价的管理，从而展示出预算绩效评价管理工作的准确性。卫雅琦、陈平泽（2016）认为高校构建预算绩效评价体系是很重要的，认为科学的预算绩效评价体系可以提高高校资金使用效益，提高高校财务管理方面的综合水平，有利于高校规避在财务会计方面的风险。于洪艳（2017）在研究中表示：预算绩效评价是基于成本效益之上，优化预算资源配置的一种措施，其中“绩”主要是阶段内取得的业绩，而“效”是资金使用的整体效益。赵湘莲、徐艺（2018）在研究中认为，高校预算绩效评价的核心在于注重预算执行，并兼顾预算编制、预算调整和预算下达等环节，结合高校预算管理的具体情况，认为可以从预算筹集、分配、投入、产出与监督这五个层面获取预算绩效评价指标，这样能够确保高校预算管理工作的高效率开展。

（二）关于高校预算绩效管理模式的研究

许江波从我国高校的实际情况出发，提出了高校预算绩效的三维管理模式，“三维”指绩效维度、组织和管理维度和预算循环维度三个维度。以战略规划为导向、指标体系为基础，三个维度有机结合起来，其核心精神体现了求变和改革。母丹、戴锋提出建立以效益为中心的高校预算绩效管理模式，同时形成绩效分析框架、绩效预算运行模式和绩效激励机制。

（三）高校绩效评价的研究

在高校绩效管理理论与应用研究方面，毛成银、任蓝青（2017）认为应从绩效视角改进我国事业单位预算评价政策，应重视预算绩效管理，完善预算评价指标，促进事业单位形成高效务实的预算管理新格局。孙少茹（2018）在新预算法的背景下，探讨了现今预算管理具体工作实际中存在的问题，提出了提高高校资源配置效率、建设高效的预算管理运行模式的建议。宋晓红、郑美仙、邹晓智等（2019）立足高校财务工作实际，从预算绩效目标管理的角度进行探讨，认为当前高校预算绩效目标管理存在预算约束不强、预算编制随意、精细化管理不足、绩效目标审核不到位等问题，需要完善绩效管理规章制度、建立目标审核及考核机制，加强信息公开及问责机制，保证绩效管理的实施效果。

1. 绩效评价体系的研究

杨周复（2002）建立了高校财务绩效评价指标体系，成为我国系统评价高校财务绩效的最早成果，这套指标体系主要针对财务成效方面的评价，为我国高校奠定了开展财务绩效评价的基础。陆媛（2006）从战略管理理论出发构建高校战略绩效评价模型，运用的方法主要是平衡计分法和关键指标法，高校绩效被划分为教学、科研、自筹资金、资产、校产经营及声誉绩效六个层次，并给出各层次的关键绩效指标。刘寒波（2014）将绩效指标分为直接和间接两类，直接指标，反映支出产生的结果，一般通过调查或测评的方式获取；间接指标，对结果进行评价与判断后得出的结论，一般运用一定的分析方法获取。设计绩效指标一般遵循“SMART”原则，即具体的（specific）、可衡量的（measurable）、可达到的（attainable）、结果导向的（result-oriented）、有时限的（time-based）的原则。

2. 绩效评价指标的研究

吴俊培（2009）认为预算绩效评价的指标通常分为业绩、效果、效率三类，评价重点是政府提供的公共商品是否“公共”需要，是否很满意；公共商品的成本—收益分析；“公共”的整体生活水平和生活质量是否提高。蔡军（2012）认为预算绩效评价，一是验证目标指标，以确定事物运动处于何种状态；二是确定目标与现实之间的差异程度，为纠偏决策提供依据；三是分析产生的问题的原因，提出合理的建议。其中大量研究开始探索适用于我国高校的绩效评价指标测度方法，主要包括平衡计分法（BSC）、层次分析法、关键指标法（KPI）、数据包络分析法（DEA）和随机前沿分析法（SFA）等。

（四）我国借鉴国（境）外高校绩效改革经验

国内关于高校预算绩效的研究相较西方国家起步晚，许多专家学者在进行国内预算绩效管理研究时借鉴国（境）外绩效改革经验，从而对国内预算绩效改革提出建议。

刘蓓蓉（2015）在委托代理理论的视角下，对比分析了美国田纳西州、南卡罗来纳州高校绩效拨款的异同，认为要在我国高等教育拨款中引入绩效管理，但应注意要适应我国实际情况，并且注意保留大学多样性、自主性、灵活性，完善绩效拨款机制，抑制其副作用。

孙琳、楼京晶（2016）以英国和俄罗斯为例，比较分析了发达经济体和转型经济体中期预算和绩效预算改革的动因，研究认为，我国高校预算绩效管理仍然存在一些问题，如绩效理念未完全建立、绩效评价指标不完善、相关法律不完备、相关支持的信息系统及人才缺失等问题，需要加强法律建设、建立科学客观完整的预算绩效管理评价指标体系。张曾莲、付含（2016）以中国香港为例，从规模、社会、结构、运行绩效四个方面设计绩效评价指标，分析香港高等教育经费使用现状，并提出改进建议，认为应加大教育经费投入，改善经费使用结构，扩大招生规模，建立科学的绩效管理模式。张红峰（2017）通过研究英国高等教育基金委员会从“公式法整体拨款”到“公式法绩效拨款”的变迁，认为绩效拨款提高了财政拨款的公平性、透明性、信度和效度，不仅适用于财政拨付，也适用于院校内部，对我国高等教育拨款有一定启示。郭敏（2019）通过比较研究美国、德国、英国、澳大利亚、新西兰等国的高校在预算绩效管理方面的经验，认为我国预算绩效评价改革应借鉴西方高校对于预算绩效目标的时效性、可衡量性、明确性和应用性，积极推进高校预算绩效管理，提高高等教育资源配置效率。

第三节　文献述评

绩效预算、预算绩效管理以及高校预算绩效管理是受到国内外学者广泛关注和研究的领域。尤其是绩效评价作为其中关键的环节，受到了深入的分析。然而，当前的国外研究在绩效指标设计的合理性和评估体系的科学性等方面存在一些主要问题。

由于国内关于高校预算绩效管理的研究仍然受到国外绩效预算研究的框架的制约，我国的制度环境、行政体制、教学模式和科研管理模式与西方发达国家存在显著差异，因此在研究我国高等院校预算绩效管理最优模式时，需要更加关注我国独特的国情和教育体制，在借鉴和参考国外研究成果和实践的基础上，结合我国高校的特征，构建适用于我国高校的具有中国特色的预算绩效管理体系。

在我国高校预算管理改革不断深化的背景下，结合我国高等教育的五大职能，即人才培养、科学研究、社会服务、文化传承与创新、国际影响力，对高校的预算绩效实施情况进行综合评价显得尤为重要。运用平衡计分卡法、关键绩效指标研究法等多种方法，可以实现对高校在各个职能领域的多指标、多维度评价和分析，为提升高校绩效管理水平提供科学依据。

全面实施预算绩效管理是政府治理方式深刻变革的重要标志，是健全现代预算制度的关键一步。这一理念与国家治理现代化的内涵高度契合，对推进国家治理体系和治理能力现代化具有重要意义。然而，当前国内高校绩效管理研究存在一些不足，需要进一步改进。

首先，高等教育的五大职能需要更为详细的评价体系，以更全面、客观地衡量高校在各个方面的绩效。其次，结合中央部门给出的指标要求，建立评价指标体系和评价方法体系，有助于更科学地衡量五大职能的落实情况。最后，管理会计绩效评价是各个企业内部的事务，而国家对此并没有具体规定。因此，分享实践经验，为其他高校提供评价预算绩效管理水平的方法和标准，也是当前研究的一个重要方向。

综上所述，当前研究对于高校预算绩效管理的理论和实践提出了一系列有益的观点和方法。在未来的研究中，可以进一步深化对高等教育五大职能的评价，结合具体案例利用平衡计分卡等方法进一步深入探讨高校预算绩效管理的最佳实践，以促进我国高等教育的可持续发展。

第三章 预算绩效管理理论分析

第一节 预算管理相关理论

一、预算

（一）概念的由来

英文中的“预算”（Budget）一词，其词源是拉丁语中的 bulga；后来变为古法语中的 bouge，指的是皮革制成的袋子或公文包。在 19 世纪，英国财政大臣有一种习惯，即在提出下年度税收需求时常在英国议员们面前打开其公文包，展示其需要的数字，因此财政大臣的“公文包”意指下年度的岁入岁出预算数。大约在 1870 年，“Budget”一词即正式出现在财政公文中，这就是“预算”的最初来源。

（二）概念的表述

1. 国内外学者对预算概念的表述

克里斯·阿吉里斯（Chris Argyris）把预算定义为由人来控制成本的会计技术。小哈罗德·比尔曼（Harold Bierman，Jr.）则认为有两种预算：一种是“预测”（Forecast），告诉经理人员他在未来将可能处于何种地位；另一种是“标准”（Standard），告诉经理人员预定的效率水准是否已维持或达到。弗雷姆根（Fremgen）认为预算是一个广泛而协调的计划，以财务条件表达。格雷恩·威尔士（Glenln A. welsh）则认为企业预算是一种涵盖未来一定期间内所有营运活动过程的计划。它是企业最高管理者为整个企业及其各部门所预先设定的目标、策略及方案的综合。

苏寿堂博士认为，对企业来说，预算是指特定期间内企业及各部门的具体计划用货币或数量表示出来以此作为企业预定期间内的目标，用以调节各业务部门活动的工具。孙健在《企业预算管理》一书中，将预算定义为："预算是一种系统的方法，用来分配企业的财务、实物及人力等资源，以实现企业既定的战略目标。企业可以通过预算来监控战略目标的实施进度，有助于控制开支，并预测企业的现金流量与利润。"蒋苏月、蒋建华在《全面预算管理》一书中，将预算定义为："预算是一种系统的方法，它通过对未来一定期间内的经营活动和相应的财务结果进行全面的预测和筹划，科学、合理地配置企业各项财务和非财务资源，并对执行过程进行监督和分析，将实际执行结果与预算进行对比和分析，从而及时指导经营活动的改善和调整，帮助管理者更加有效地管理企业和最大程度地实现战略目标。"

2. 不同国家对预算概念的表述

（1）国外对预算概念的表述

在美国，预算被定义为政府的一个财政计划，它详细说明了预计的收入和支出。美国的预算制定过程更加注重立法机构的角色，国会对预算有较大的控制权。

日本的预算概念与中国类似，也是一个国家年度财政收支的计划。不过，日本在预算编制和执行过程中，更加注重财政健全和债务管理。德国的预算概念同样强调收支的平衡，预算不仅需要列出具体的收支数字，还需要详细阐述各项政策的实施目标和预期效果。法国的预算是一个涵盖政府所有收支活动的计划，包括税收、债务和其他收入，以及政府部门的支出。法国的预算制定过程也强调议会的作用，预算需要经过议会的批准。

（2）我国对预算概念的表述

在我国，预算概念的表述和发展经历的几个阶段的具体时期如下：

在计划经济时期（1949—1978 年），我国的预算概念主要是以国家财政收支计划为主，强调行政指令和集中管理。在预算的编制和执行过程中，对经济和社会发展的需求考虑不足，透明度较低。

改革开放初期（1979—1993 年），随着经济体制的改革，我国预算概念开始向市场经济国家靠拢。预算管理逐渐重视经济效益，预算编制和执行过程逐步规范。1985 年，我国颁布了预算法，对预算管理进行了初步的法律规定，明确了预算的概念和作用。

在社会主义市场经济时期（1994—2013 年），我国预算概念逐步完善，预算管理越来越重视绩效和透明度。1994 年，我国对预算会计制度进行了改革，引入了权责发生制，使预算管理更加科学。此外，2003 年，我国开始实施《政府预算管理暂行办法》，对预算管理进行了更为详细的规定。

在全面深化改革时期（2014— ），我国于 2014 年通过了新预算法，对预算制度进行了全面改革。新法规定，预算应当遵循公开、公平、公正、透明的原则，强化预算约束，提高预算绩效。在这个阶段，我国预算概念的发展更加注重公开透明，强化公众参与和社会监督，提高预算的民主性和科学性。预算是通过结合企业内部经营、外部市场的环境分析，通过科学的经营规划预测和组织决策，用方案、计划和可计量数字等多种方式反映未来一段时期的投资、生产经营及财务结果。预算被视作定标、定产、定量的计划，具备协调和控制功能，控制一定时期内的资源的获取、配置及使用。预算作为管理会计的基本组成部分，是协助管理者进行决策的工具。

（三）预算的功能

1. 规划功能

预算经过规划、分析并加以数量化，有系统地编制，使企业的目标及政策能具体体现。规划有助于预测未来的机会与威胁。预算即促使组织成员，对各项环境变化事先加以预测，并采取相应措施。规划有助于组织成员了解组织本身的优缺点，洞悉未来潜在的机会与威胁，将风险降至最低。

2. 控制功能

预算在控制方面的功能如下：

（1）依既定的目标执行。控制的标准在于目标的制定。

（2）通过信息反馈，了解在执行中遇到的困难。

（3）可避免浪费与无效率的生产。

（4）作为今后规划的依据。今日的偏差是明日改正的依据。

3. 沟通功能

沟通功能可以减少预算执行的障碍。经过员工参与预算的编制，可使管理层与执行层相互沟通达成共识，减少预算执行的障碍。沟通也便于目标的达成。通过预算编制，可使管理层了解员工的需求与意见，员工也可以体会管理层对其期望与态度。因此，经过沟通，相互了解，可促使员工努力达成目标。

4. 协调功能

企业要达到既定目标，各部门必须同心协力，团结合作，摒除门户之见及本位主义，以企业总体利益为核心。只有通过预算，才能加强各部门之间的联系，并系统地运用企业的有限资源，以发挥最大的经济效益。在竞争激烈的环境中，企业为求生存并谋求最大利益，必须不断观察并适应外界变动的环境；预算可迫使各阶层主管不断对外界环境加以审视及分析，从而拟定最佳决策，以适应瞬息万变的环境。

5. 激励功能

预算是全体员工精心规划的产物。因此，企业编制预算，应该扩大参与层面，积极鼓励员工提供意见，促使员工目标与企业目标相结合，并顺利达成组织目标。预算目标应合理且具有可实现性，才能有效激发员工的潜力，并且预算执行应配合奖惩制度的实施，促使员工全力以赴，在追求个人利益最大化的同时，达成企业目标的实现。

二、预算管理

（一）预算管理的概念

1. 国内外对预算管理概念的表述

卡林顿，库珀史密斯（Ackingtons，D. L. Coopersmith，L. S.，1962）认为预算管理是一种有效的管理工具，可以帮助企业实现经营目标。钱伯斯，林，杰夫（Chambers，R. G. Linn，J. F.，1983）认为预算管理是一种全面的管理工具，包括预算编制、执行和监控等环节，可以帮助企业实现战略目标。约翰逊，斯科尔斯（Johnson，H. T. Scholes，K.，2008）指出预算管理可以帮助企业实现战略目标，并提高企业的业绩和效率。

汤谷良、李苹莉在《系统构架我国企业的预算管理》一文中提出：预算管理是企业为了实现自己的战略目标和经营目标，对企业内部各种资源进行分配、考核、控制，以便有效地组织和协调企业的生产经营活动，完成既定的经营目标。它是一种集系统化、战略化、人本化理念为一体的现代企业管理模式，通过对业务、资金、信息、人才的整合，明确适度的分权授权，战略驱动的业绩评价等，来实现企业的资源合理配置并真实地反映出企业的实际需要，进而对作业协同、战略贯彻、经营现状与价值增长等方面的最终决策提供支持。王斌在《企业预算管理及其模式》一文中提出：预算管理是企业以预算为手段对企业内部各部门的各种财务及非财务资源进行分配、考核、控制，以便有效地组织和协调企业的生产经营活动，完成既定的经营目标。

2.《管理会计应用指引第200号——预算管理》对预算管理概念的表述

预算管理是指企业以战略目标为导向，通过对未来一定时间内的经营活动和相应的财务结果进行全面预测和筹划，科学、合理配置企业各项财务和非财务资源，并对执行过程进行监督和分析，对执行结果进行评价和反馈，指导经营活动的改善和调整，进行推动实现企业战略目标的管理活动。

（二）预算管理的内容

预算管理的内容主要包括经营预算、专门决策预算和财务预算。

1. 经营预算

经营预算，也称业务预算，是指与企业日常业务直接相关的一系列预算，通常是指在销售预测的基础上，首先对企业的产品销售进行预算，其次以“以销定产”的方法逐步对生产、材料采购、存货和费用等方面进行预算。经营预算主要包括销售预算、生产预算、采购预算、费用预算和人力资源预算。

2. 专门决策预算

专门决策预算，是指企业重大的或不经常发生的需要根据特定决策编制的预算，主要包括投融资决策预算。专门决策预算可以分为资本预算和一次性专门业务预算两类。

资本预算主要是针对企业长期投资决策编制的预算，包括固定资产投资预算、权益性资本投资预算和债权投资预算。一次性专门业务预算主要有资金筹措及运用预算、缴纳税金与发放股利预算等。

3. 财务预算

财务预算，是指与企业资金收支、财务状况或经营成果等有关的预算，主要包括预计现金流量表、预计资产负债表、预计利润表。资金预算是指按照现金流量表主要项目内容编制的反映企业预算期内一切资金收支及结果的预算。资金预算以业务预算、资本预算和筹资预算为基础，是其他预算有关资金收支的汇总，主要作为企业资金头寸调控管理的依据。预计资产负债表是指按照资产负债表的内容和格式编制的综合反映企业期末财务状况的预算报表。预计资产负债表通常根据预算期初实际的资产负债表和销售预算、生产预算、采购预算、资本预算、筹资预算等有关资料分析编制。预计利润表是指按照利润表的内容和格式编制的反映预算执行单位在预算期内利润目标的预算报表。预计利润表通常根据销售预算、生产预算、产品成本预算、费用预算、其他专项预算等有关资料分析编制。

（三）实施预算管理的原则

为了确保预算管理的有效性，使其能够更好地支持企业的发展战略和经营目标，提高企业的运营效率和盈利能力，企业在实施预算管理时通常应当遵循以下原则。

1. 战略导向原则

预算管理应当围绕企业的战略目标和业务计划有序开展，引导各预算责任主体聚焦战略、专注执行、达成绩效。

2. 过程控制原则

预算管理应当通过及时监控、分析，把握预算目标的实现进度并实施有效评价，为企业经营决策提供有效支撑。

3. 融合性原则

预算管理应当以业务为先导、以财务为协同，将预算管理嵌入企业经营管理活动的各个领域、层次、环节。

4. 平衡管理原则

预算管理应当平衡长期目标与短期目标、整体利益与局部利益、收入与支出、结果与动因等各种关系，促进企业可持续发展。

5. 权变性原则

预算管理应当刚性与柔性相结合，“刚柔并济”，既强调预算对经营管理的刚性约束，又可以根据内外环境的重大变化调整预算，并针对例外事项进行特殊处理。

（四）预算编制的工具方法

预算管理领域应用的管理会计工具方法主要包括滚动预算、零基预算、弹性预算、作业预算等。

1. 滚动预算

滚动预算又称连续预算或永续预算，是指在编制预算时，将预算期与会计年度脱离开，随着预算的执行不断延伸补充预算，逐期向后滚动，使预算期始终保持为一个固定期间的一种预算编制方法。滚动预算能够保持预算的持续性，有利于考虑未来业务活动，结合企业近期目标和长期目标使预算随时间的推进不断加以调整和修订，能使预算与实际情况更相适应，有利于充分发挥预算的指导和控制作用。但滚动预算的编制工作量大。

2. 零基预算

零基预算是以“零”为基础编制计划与预算的方法。根据零基预算的思路，企业在编制成本费用预算时，不考虑以往会计期间所发生的费用项目或费用数额，而是以所有的预算支出为“零”作为出发点，一切从实际需要与可能出发，逐项审议预算期内各项费用的内容及其开支标准是否合理，在综合平衡的基础上编制费用预算。

运用零基预算法编制费用预算的基本步骤为：

（1）根据企业预算期利润目标、销售目标和生产指标，分析预算期各项费用项目，并预测费用水平。

（2）拟订预算期各项费用的预算方案，对每一个项目所需费用和所得收益进行比较分析，权衡轻重，区分层次，划出等级，识别先后次序。基层预算单位的业务项目通常分为三个层次：第一层次是必要项目，即非实施不可的项目；第二层次是需要项目，即有助于提高质量、效益的项目；第三层次是改善工作条件的项目。成本效益分析的目的在于判断基层预算单位各个项目费用开支的合理程度、先后次序以及对企业经营活动的影响。

（3）按照企业预算期预算费用控制总额目标，依据项目层次、等级和次序分配资金，落实预算。

零基预算的优点在于能够促使经营者审查所有业务元素，有助于创造一个高效精简的企业。如果绩效评价和激励制度较为合理，零基预算还可以调动各部门降低费用的积极性。零基预算的缺点在于一切从头开始，不参照以前指标，编制工作量大，又感觉到没有依据，可能会争执不休。

3. 弹性预算

弹性预算基于成本性态，依据业务量、成本和利润之间的联动关系，按照预算期可能的一系列业务量（如生产量、销售量、工时等）水平编制系列预算的方法。由于这种预算可以随着业务量的变化而反映各该业务量水平的支出控制数，具有一定的伸缩性，因而称为“弹性预算”。从理论上说，弹性预算法适用于预算编制的所有与业务量有关的预算，但实践中，弹性预算主要用于编制成本费用预算和利润预算，尤其是成本费用预算。

弹性预算的关键在于把所有的成本都划分为变动成本与固定成本两大部分。变动成本主要根据单位业务量来控制，固定成本则按总额控制。成本的弹性预算的计算公式为：

成本的弹性预算＝固定成本预算数＋Σ（单位变动成本预算数×预计业务量）

运用弹性预算法编制预算的基本步骤为：

（1）选择和确定各种经营活动的计量单位，如消耗量、人工工时、机器工时等。

（2）预测和确定可能达到的各种经营活动业务量。在确定经营活动业务量时，要与各业务部门共同协调，一般可按正常经营活动水平的70%～120%确定，也可以按过去历史资料的最高业务量和最低业务量为上下限，然后再在其中划分若干等级。

（3）根据成本性态将企业的生产成本划分为变动和固定两个类别，并逐项确定各项费用与业务量之间的关系。

（4）计算各种业务量水平的预测数据，并用一定的方式表示，形成某个成本费用项目的弹性预算。

（5）弹性预算的编制方法主要有公式法和列表法。

公式法。公式法是运用成本性态模型测算预算期的成本费用数额，并编制成本费用预算的方法。根据成本性态，成本与业务量之间的数量关系可用公式表示为：

$$y=a+bx$$

其中：y 表示某项预算成本或费用总额；

a 表示该项成本或费用的预算固定成本或费用额；

b 表示该项成本或费用的预算单位变动成本或费用额；

x 表示预计业务量。

列表法。列表法是在预计的业务量范围内将业务量分为若干个水平，然后按不同的业务量水平编制预算。应用列表法编制预算，首先要在确定的业务量范围内划分出若干个不同水平；其次分别计算各项预算值，汇总列入一个预算表格。

弹性预算的优点在于使预算具有可比基础，使预算控制和差异分析具有说服力，而其缺点在于，如果编制预算时所确定的成本性态发生变化，就可能显著增加调整的工作量。

4. 作业预算

（1）作业预算的基本原理

传统预算以业务量为基础编制预算，而作业预算以作业为基础编制预算。因此，作业预算的基础是作业成本法，而作业预算的编制路径正好与作业成本法的路径相反。作业预算的目的在于预测未来期间企业的资源需求量，而这些需求量由未来期间生产的产品或劳务的数量决定。作业预算编制的起点是下一个预算期产品或劳务的需求量水平。作业预算追踪企业的流程如何生产产品或劳务，作业预算建立在资源消耗观的基础上，根据“作业消耗资源，成本对象消耗作业”的原理，首先预测产出量，其次预测产出消耗的作业量，最后预测作业消耗的资源量。

（2）作业预算的基本步骤

①预测产品或劳务（成本对象）在下一个预算期的需求量。

②确定作业消耗比率，即每单位产品或劳务消耗的作业数量。

③用作业消耗比率乘以产品或劳务的预测需求量，预测出下一个预算期可以满足成本对象消耗需求的作业量。

④确定资源消耗比率，即每单位作业消耗的资源数量。

⑤用资源消耗比率乘以作业需求量，预测下一个预算期可以满足作业消耗需求的资源量。

⑥用资源供应量乘以资源的预计单价，就可以预测出资源需求成本数据。

⑦将资源成本分配到预测的产品或劳务上。

作业预算的优点在于可以更合理地确定成本，从而实现企业资源的有效配置；其缺点在于编制成本较高，未必符合成本效益原则。

企业可以根据其战略目标、业务特点和管理需要，结合不同工具方法的特征及适用范围，选择恰当的工具方法综合运用。

三、全面预算管理理论

（一）全面预算管理的含义

1. 概念

全面预算管理，是指企业对一定期间的经营活动、投资活动、财务活动等作出的预算安排。全面预算管理是一种全方位、全过程、全员参与编制与实施的预算管理模式，凭借其计划、协调、控制、激励、评价等综合管理功能，整合和优化配置企业资源，提升企业运行效率，成为促进实现企业发展战略的重要抓手。

2. 特点

全面预算管理最主要的内涵就是全面，主要体现在“三全性”上，即全员参与性、全过程性与全方位性。

全员参与性是指为实现企业对有限资源的最优配置，企业管理层根据企业的战略规划和经营目标合理设定企业的预算目标，并将预算目标按照企业相应的组织与架构层层分解至对应的部门及人员。企业可通过设立全面预算管理的考核与激励体系，使员工的岗位目标与企业预算目标保持协同性，促使全员整合企业资源，进而实现企业经营方针。

全过程性可通过全面预算管理实现对企业的所有运营环节实现事前、事中、事后的全过程控制。这一全过程管理方式使得企业各部门、员工相互之间的信息流动及分享更通畅，信息壁垒的现象得以消除，企业全面预算管理的内容与各部门的运营进行无缝衔接，形成一个系统的全过程管理体系。实施全面预算管理的过程中，管理层审批预算时不能只关注预算方案的结果，而要重视预算编制中的测算依据、测算方法、测算过程是否科学、合理，以保证预算目标的设定与企业的战略、营运方向保持一致。这样做有利于及时发现预算执行过程中的问题并进行及时调整和修正。通过实际数据与预算数据的比较分析，可以帮助企业找出预算差异的原因，作出及时的调整，在保持预算刚性的前提下留有一定的预算弹性，提升预算目标的完成率。当预算目标的完成率与企业部门及员工绩效的考核与激励联动时，有利于全面预算全过程管理的有效实施。

全方位性是指全面预算管理覆盖企业所有经营活动及核心运营环节，由此形成相匹配的筹资预算、投资预算、生产预算、销售预算、运营预算等。全方位性使得全面预算管理不仅可以使其长期和短期运营目标细化、量化、可执行、可监控、可评估，而且可以帮助企业对其资源实现整合。通过该工具，可帮助管理层切实知晓其资源优势和劣势从而调整配置方案，使其以最优的资源配置条件，为企业创造最大化的价值，从而提升企业的综合竞争力。

（二）全面预算管理的模式

根据企业所处的行业环境和营业特点，从理论上可将全面预算管理的模式分为四种，即销售导向、利润导向、成本导向、现金流量导向。

1. 销售导向

该模式需根据公司产品的市场反馈对预算进行干预和调整，通过以销定产的方式，以销售收入作为企业全面预算管理的出发点和考核点，通过编制预算的方式估算企业利润，计算出成本，为企业的资金投入提供有针对性的参考依据。对于市场的准确预估是该模式的核心，过高地估计产品销量，将导致产品积压、滞销，随之带来现金流的压力。反之，过低地估计产品销量，则错失市场先机。

2. 利润导向

该模式以企业利润最大化为原则，以该理念贯穿整个预算管理过程，多为中型及以上规模的企业采用。这一模式能帮助管理层以全面的视角审视市场对其产品或服务的反映，检视企业资源使用的效率和目标实现的能力。然而，该模式容易使管理层片面追求短期利润，忽略企业的长期战略目标和潜在发展空间，过早耗损企业的资源储备。

3. 成本导向

该模式以目标成本作为全面预算管理的核心，以成本控制为原则，多为生命周期处于成熟期的公司所使用。以成本为导向的全面预算管理模式容易使管理层为追求盈利水平的提高，而大规模、大力度地削减成本。然而，过度限制成本投入，一心追求低成本，容易制约企业的研发投入，影响企业的产出和创新，甚至削弱企业的影响力。

4. 现金流量导向

该模式根据收付实现制，以影响企业经营活动、筹资活动、投资活动的现金流入与流出为主要测算依据，便于分析各部门资金流动及变化的具体情况、平衡权责发生制与收付实现制之间因资金收付时点的差异而引起的矛盾。全面预算管理的流程以现金流的良性循环为控制主线，为增加企业现金和现金等价物防止现金流短缺而带来的支付风险，实现经营利润、战略规划为目标。

以现金流量为导向的预算管理模式通常适用于资金量紧张、缺乏融资渠道、应收账款回收率低下、在行业内处于衰退期或者品牌重塑阶段的企业。该预算管理模式可以协助企业有针对性地计划和控制现金的走向，以此缓解企业的资金压力，达到企业的收支平衡。另外也帮助企业杜绝滥用自有资金的现象，帮助企业积蓄为开拓市场、研发新产品、创造经济新增长点而需要的资金储备。此模式不能帮助企业的业绩水平在短时间内高速增长，这一资金上较为保守的预算管理方式可能使企业错失筹资、投资或者其他机遇。

有时管理层会不止采用一种全面预算管理的模式，这四种导向可由管理层根据各自企业所处的运营环境变化结合使用。

（三）全面预算管理体系

全面预算管理体系主要由组织与架构、目标与编制、执行与控制和考核与激励这四部分组成。

1. 组织与架构

该组织与架构是企业实施全面预算管理的基础，其搭建明确了预算工作在决策、工作、执行层面的相应权利和义务，并对该体系涉及的部门职责履行情况进行绩效评估和反馈，从而使企业更顺畅地进行全面预算管理。决策机构是全面预算管理中的权力机构，通常由董事会或者预算管理委员会承担相应的决策职能。该机构的主要职能包括对预算管理各环节情况的审核、决策、修正、审查、评估等。工作机构是推进全面预算管理在企业有效运行的核心机构，通常为企业财务部门。该机构主要负责组织公司各部门按照时间计划编制、提交、报送预算，收悉各部门提交的预算草案后，财务人员需根据专业知识整合、修改预算草案并提交预算决策机构审核。

2. 目标与编制

科学合理的预算目标奠定了企业运行的整体方向和速度，也成为衡量各部门及个人绩效完成情况的显性指标。设定科学合理的预算目标需要遵循以下几种原则：第一，要结合企业发展。第二，考量资源条件，具有可实现性。第三，在定性分析的基础上予以量化。第四，在全局性的基础上予以细化。第五，预算目标的设定还需考虑企业自身情况以外的外部因素如企业所处的行业变化、市场环境、客户需求、国家政策变动、产业结构调整等。

全面预算管理的编制方面，常用编制方法可根据三种维度进行分类：第一种维度，依据编制出发点的差异，可分为增量预算和零基预算；第二种维度，依据业务量基数的差异，可分为固定预算和弹性预算；第三种维度，依据预算期间的差异，可分为定期预算和滚动预算。

3. 执行与控制

再好的预算方案，预算执行与控制不到位，预算目标无法实现的同时，更无法达到全面预算管理在企业中的运行效果。各部门预算执行过程中的控制可以分为来源于部门外的控制和部门内的自我控制。来源于部门外的控制主要是指企业组织体系中上级部门对下级部门的预算控制。来源于部门内的自我控制是指企业各职能部门为了按照计划如期完成目标而实施的过程控制。

4. 考核与激励

考核与激励结果是实施有效激励的基础和参考，是保证企业有效推进预算管理工作的引擎。科学设定合理的考核与激励措施有助于该工具的升华。

四、战略预算管理

（一）战略预算管理的含义

1. 概念

战略预算管理是指以企业价值最大化为目标，以战略为指导，以企业的关键成功要素为重点，运用多种方式方法，使企业更具灵活性，员工更具积极性和创造性，是一种使企业能不断适应环境的变化并具有核心竞争力和持续发展能力的并且对企业的各种资源进行协调和控制的管理方式。

2. 特点

战略预算管理是为了实现未来一定时期内的战略规划而对公司各类资

源进行分配、控制、考核，对企业经营活动财务状况等各方面进行综合预测，以便更有效地组织和协调企业运营，完成既定的经营目标，推动企业可持续的良性发展。其基本特点如下：

（1）预算起点取决于战略

现代企业的管理实践中，市场竞争变化莫测，需要通过制订明确的战略规划，来为企业的长期发展指引方向。以战略目标为起点编制的预算，将战略规划贯穿于预算管理的全过程之中，可以保证战略目标与预算目标的协调统一，共同推进中长期目标与短期目标的实现，帮助企业获得与保持持续的竞争优势。

（2）预算执行过程更全面

战略预算管理是战略化、系统化、动态化的管理方法，在执行的过程中，不仅关注全面的预算编制、执行、考核和调整的循环过程，而且注重前期的整体规划，包括对企业市场环境的评估、未来发展方向的把控、企业流程的优化与再造、KPI 指标量化等，更科学合理地对企业经营进行规划与指导，为正确决策提供依据。

（3）更关注企业的动态发展

企业发展的过程是根据外部市场环境、内部业务特点而不断变化调整的动态过程。企业的战略规划通常是建立在宏观环境分析、行业分析、企业自身优劣势等全面分析的基础上，制定的符合现实情况并能促进企业长期发展的目标。预算目标与战略目标的结合，也实现了财务指标与非财务指标的动态结合。

（二）战略预算管理的理论诠释

1. 战略预算管理是企业战略与日常经营相连接的综合性管理手段

企业是一个资源依赖系统，资源依赖理论强调企业从环境中获取资源功能的重要性。企业必须依赖环境以求得资源，同时必须依赖其他企业的活动维持正常运作。为获取资源和有效地配置资源，企业必须积极地面对环境，而不是被动地作为环境力量的接受者。企业能否积极地对付环境的变化的一个关键因素是企业的恰当战略选择，通过战略分析将企业与外部环境建立联系，增强对环境的应变能力，再通过企业内部组织系统和一定的管理手段将环境与企业的决策和控制连接。战略往往是长期性的，需要分段地实现，战略预算则是实现企业与环境沟通，日常经营与战略相连接的一个综合性的管理手段。

2. 战略预算管理是提高企业治理能力，强化内部契约关系的管理系统

公司治理是公司权力、责任划分的基本框架，以确保有关各方的权益得到保障，而公司管理则是通过计划、组织、协调和控制确保公司治理目标的实现。企业契约可大致分为三个层次：公司法、公司章程和公司预算制度。公司法属于法规性契约，概括性描述各主要利益主 体对公司的义务、权力和应得利益。公司章程概括性描述公司组织和经营的基本方针、政策、目标，是企业经营运作的基本规范。由于不确定性、人的有限理性等约束因素的存在，契约总是不完全的。公司法和公司章程这种概括性的契约需要实施和推行机制，将其原则性、抽象性的描述结合企业和市场的具体环境进行具体化、制度化、可度量化，企业战略预算管理正是这样一种机制。一方面，战略预算要以战略为导向，体现公司组织和经营的方针、政策和特定时期的经营目标，并强调董事会在战略预算管理中的核心地位，有助于强化董事会的管理和监督职能，提高公司治理效率；另一方面，通过具体的预算内容规范各主体，特别是经营管理层和员工的约定投入、约定效率及相应的约定利益，并通过对预算过程的监控计量各个利益主体的实际投入和产出，然后根据结果考评契约的履行情况并进行奖惩，强化企业内部契约。战略预算管理是企业契约关系的推行、贯彻机制，同时由于预算目标的确定、程序选择、考评制度等具体问题是一个相关利益主体博弈的过程，战略预算本身是契约组合中的一部分。

3. 战略预算管理是企业组织体系重要组成部分

从战略预算管理的基本环节来看，预算规划以战略为中心，预算目标的确定要反映企业特定时期的战略重点和要求，明确经营层特定时期的受托经营管理责任和责任履行相应的权限。预算的编制是以特定的权责中心为基础的，预算目标的分解的过程就是将权力和责任具体化、数量化的过程，是对分权体系的完善。同时，预算目标的设定确定了业绩评价的主要标准。预算执行过程中的责任会计记录系统为绩效度量提供了依据。预算管理的另一重要环节，预算考评将实际业绩与预算目标进行对比分析，并根据分析评价结果实施奖惩。一个完整的战略预算体系包括了企业所必要的分权、评价和奖惩体系。因此，战略预算管理本身是企业组织体系的重要组成部分。

4. 战略预算管理是计划和市场两种机制在微观层面的有机结合

战略预算管理立足于企业有效的法人治理结构，董事会在预算管理中的核心地位及企业内部组织和流程的优化，一方面有助于完善企业的市场主体功能，另一方面有助于提高计划的权威性和降低计划的信息成本，从而为市场和计划两种机制在企业这一微观层面的结合应用创造基础条件。战略预算管理一方面体现市场中的计划导向管理模式，另一方面体现计划中的市场导向管理模式。市场中的计划导向管理模式是指市场是竞争性的，风险无处不在，面对市场，企业管理者必须在市场环境分析基础上，制定合理的战略，以战略为导向，进行计划和预算管理，以控制市场风险，而不是被动地接受风险。从这一角度看，市场中的计划导向管理模式本来是控制风险、降低交易成本的一种内在机制，是企业能够代替市场的一种主要企业内部制度安排。计划中的市场导向模式是指计划和预算管理不是任意的，必须在客观存在的市场条件下进行，不进行市场分析和缺乏明确战略的计划和预算管理是缺乏管理依据及发挥预算管理作用的，预算管理是盲目的，无助于管理目标的实现。战略预算管理是市场中的计划导向管理模式在企业内部管理中的有机统一，能够避免单一计划或单一市场机制的缺陷，有助于提高企业资源的配置效率，控制风险。

第二节　绩效管理相关理论

一、绩效管理的含义

（一）概念

《管理会计应用指引第 600 号——绩效管理》提出，绩效管理是指企业与所属单位（部门）、员工之间就绩效目标及如何实现绩效目标达成共识，并帮助和激励员工取得优异绩效，从而实现企业目标的管理过程。而绩效管理的核心是绩效评价和激励管理。绩效评价是指企业运用系统的工具方法，对一定时期内企业营运效率与效果进行综合评判的管理活动。绩效评价是企业实施激励管理的重要依据。激励管理是指企业运用系统的工具方法，调动企业员工的积极性、主动性和创造性，激发企业员工工作动力的管理活动。激励管理是促进企业绩效提升的重要手段。

（二）特点

1. 系统性

绩效管理是一个覆盖全公司所有成员方方面面的活动过程，这个过程整体构成了一个完整的系统。在当代管理过程中，无论是在学术研究中还是管理实践中，很多人陷入了将绩效管理等同于绩效考核的误区，认为制定好了绩效考核表就是完成了绩效管理。绩效管理作为一个系统性过程，企业内部的个体之间、个体与整体之间既相互联系又互为条件，必须从各个角度和层次去揭示其中的关系，并科学运用到实践之中。

2 目标性

绩效管理是通过持续改善企业的工作氛围，不断改进员工的工作环境，有效激发员工工作动力，从而提高企业中所有环节的工作效率。因此，绩效管理尤其强调目标管理，认为只有所有的工作环节中的目标清晰明了，企业中员工以及管理者奋斗的方向才会明确，全体人员朝着共同的远景目标前进，才能达到实现绩效管理的目的。

3. 强调沟通

绩效管理是企业制定的一套结构化、完整的制度，主要是将员工的相关行为和工作成果通过一系列量化的考核指标表现出来，从而考核员工的真实业绩。通过这样的考核方式，不仅可以了解员工的发展潜力和目标需求，还可以将员工的个体规划与企业的战略愿景结合起来，实现 1+1 大于 2 的效果。其中沟通起着决定性作用。绩效管理的制定需要沟通，帮助员工实现目标需要沟通，绩效考核的最终评估需要沟通，相互之间分析原因需要沟通，各方共同寻求进步需要沟通。总之，绩效管理的过程就是员工和管理者之间不断沟通的过程。离开了沟通，企业的绩效管理就会流于形式。

二、绩效管理的目标

（一）实现企业战略目标

绩效管理是企业战略目标实现的重要手段，通过设定明确的绩效目标，引导员工的工作行为和结果，确保企业战略目标的实现。

（二）提高员工绩效

绩效管理通过设定合理的绩效指标和考核标准，激励员工提升工作能力和业绩水平，促进员工个人职业发展。

（三）优化资源配置

绩效管理通过对企业资源进行合理配置和优化，提高资源利用效率，降低企业运营成本。

（四）促进企业可持续发展

绩效管理不仅关注短期业绩，还注重长期发展和可持续性，通过设定可持续发展目标，推动企业实现长期稳定发展。

三、绩效管理的原则

为了确保绩效管理的有效性、公平性和可操作性，从而更好地激发员工的积极性和提高工作效率，企业进行绩效管理一般应当遵循以下四项原则。

1. 战略导向原则

绩效管理应该为企业实现战略目标服务，支持价值创造能力提升。

2. 客观公正原则

绩效管理应该为企业实现战略目标服务，支持价值创造能力提升。

3. 客观公正原则

绩效管理的政策和制度应该统一明确，并严格执行规定的程序和流程。

4. 科学有效原则

绩效管理应该做到目标符合实际，方法科学有效，激励与约束并重，操作简便易行。

四、绩效管理体系

绩效管理体系是指绩效管理本身是个运作的完整的系统。这个系统与组织战略和目标挂钩，它将帮助组织推进战略部署，实现总体的指标。绩效管理的根本目的是提高企业的竞争力，它作为建立起来的一种反馈机制在运作。因此必须清楚认识到，组织的绩效管理是一个系统化的运作。关于其主要的组成部分，一般可以包括以下几个方面：

1. 管理目标

企业战略规划的总体布局，首先确定企业的经营管理目标，主要包括各部门和个人的工作目标，它是绩效管理运作的基准蓝图。

2. 绩效监控

在绩效监控过程中，需要监督和指导员工的绩效，不断收集员工的各种反馈，并及时帮助他们解决所遇到的问题，及时调整阶段性目标，最终完成最初预设的目标。

3. 绩效考核

按照一定的考核周期，定期对员工的绩效进行考核。对当前一个阶段的任务进行客观真实的评价，这种客观的反馈会让员工感到公正和合理。

4. 评估应用

根据绩效评估的结果，应采取有效的后续跟进行动。如岗位晋升和薪酬调整，并为其他的改进措施提供及时的评估依据，如绩效、培训和招聘等；此外还根据评估的结果来制订个人发展计划，同时继续不断地优化绩效管理体系等。

五、绩效管理的理论基础

绩效管理的理论主要有委托—代理理论、激励理论和新公共管理理论，这些理论为绩效管理提供了指导性要求。

1. 委托—代理理论

委托—代理理论是20世纪30年代，美国经济学家波利和米恩思提出来的。委托—代理理论倡导经营权和所有权相分离，投资者保留企业所有权，把企业经营权让渡出去，从而实现激励管理者、实现公司战略的目的。委托—代理理论的中心任务是研究在利益相冲突和信息不对称的环境下，委托人如何设计最优契约激励代理人。现代企业中，委托—代理是普遍存在的管理机制，也是现代管理理论的逻辑起点。正是这种机制的存在，才使得企业的各级组织和个人有必要进行绩效管理。为了控制和约束代理人的经营活动，以这种机制作为基础而构建激励和约束的绩效管理显得尤为必要。

在一个组织中，普遍存在各种委托—代理劳务关系，比如股东与代理人之间，经营者与各业务部门，各业务部门与各岗位员工之间。绩效管理促使代理人按照委托人的目标进行执行。通过绩效管理评价，构建激励机制，激励管理人员既为自身也能够为组织获得最大的利益。

2. 激励理论

激励理论能够证实绩效管理在促进组织绩效的提升方面具有有效作用。激励理论认为，实现目标需要一个过程，因此通过制定目标来激发促进人的需求。最具代表性的是弗洛姆的“期望理论”。期望理论认为，影响激励程度大小有两个因素：一是目标效价，即实现这个目标能够带来多大价值，根据实现目标的想要程度来确定员工的积极性。如果人们想要实现目标的程度高，那么它就有价值，工作中的主动性和积极性也就高。反之，则会降低。二是期望值，是指实现目标的可能性有多大，风险有多高。如果主观估计目标的实现概率很大，通过努力能够实现目标，激励的引导作用才会产生效果。反之，如果主观估计实现目标的实现可能性小，目标便丧失了激励作用。

弗洛姆之后，洛克和休斯进一步提出了“目标设置理论”。目标设置理论认为，目标设定有三个重要因素：(1) 目标难度。目标的设定要具有挑战性。缺乏挑战性的目标，不能充分调动人的积极性，对激励起不到应有作用。当然，目标设定也应该具有合理性，不切实际、浮夸的目标让人望而生畏，丧失了激励的作用。(2) 目标清晰性。即目标设定应具体、明确。不具体或抽象的目标，对人的鼓励作用不大。(3) 目标的可接受性。在组织目标制定的过程中要让每个人参与其中，而不是将目标强加给每个人。

3. 新公共管理理论

新公共管理理论是由简·莱恩在2001年提出并风靡世界的。新形势下，国内外涌动着权威危机、财政危机和管理危机，为了弥补政府管理层面的不足，适应激烈的外部形势变化，新公共管理理论应运而生。

从理论上讲，新公共管理理论强调以社区和居民为最终的服务目标，政府作为服务的客体，通过调配资金、制订计划、监督执行、拨付资金、发布政策、严格管理等手段组织生产公共物品，并向枢纽性的社区社会组织购买服务，从而直接满足社区居民。新公共管理理论的内容主要包括以下几个方面：第一是以公民为最终服务导向。公民作为政府公共服务的享受者，新公共管理理论关注公民的需求，政府提供全面而优质的公共服务管理能有效提高公民的“顾客满意度”。第二是政府这双“有形的手”应当转换为“无形的手”。新公共管理理论认为政府在行政工作中应当严格制定政策，而不应将管理和执行杂糅在一起。适时放权，将执行政策中的具体操作让渡出来，给予私人部门相应的权力。第三是引入市场经济中的竞争机制。新公共管理理论认为只有在适当的竞争中，各个服务部门和私人企业才能最大限度地达到最高的效率水平。第四是改进政府公务员制度。新公共管理理论认为公务员不仅是政府部门中的螺丝钉，更是大众创新中的一部分。公务员们应充分发挥自身的主观能动性，以主人翁精神创新公共服务，从而有效发挥政府职能的作用。

六、绩效管理的管理会计工具方法

绩效管理领域应用的管理会计工具方法，通常包括关键绩效指标法、经济增加值法、平衡计分卡、股权激励等。

1. 关键绩效指标法

关键绩效指标法是指基于企业战略目标，通过建立关键绩效指标（Key Performance Indicator，KPI）体系，将价值创造活动与战略规划目标有效联系，并据此实施绩效管理的方法。所谓关键绩效指标，是指对企业绩效产生关键影响力的指标，是通过对企业战略目标、关键成果领域的绩效特征分析，识别和提炼出的最能有效驱动企业价值创造的指标。关键绩效指标法可以单独使用，也可与经济增加值法、平衡计分卡等其他方法结合使用。关键绩效指标法的应用对象可以是企业，也可以是企业所属单位（部门）和员工。

2. 经济增加值法

经济增加值法，是指以经济增加值为核心，建立绩效指标体系，引导企业注重价值创造，并据此进行绩效管理的方法。经济增加值，是指税后净营业利润扣除全部投入资本的成本后的剩余收益。经济增加值及其改善值是全面评价经营者有效使用资本和为企业创造价值的重要指标。经济增加值为正，表明经营者在为企业创造价值；经济增加值为负，表明经营者在损毁企业价值。经济增加值法较少单独应用，一般与关键绩效指标法、平衡计分卡等其他方法结合使用。

企业应用经济增加值法实施绩效管理的对象包括企业及其所属单位（部门）（可以单独计算经济增加值）和高级管理人员。

3. 平衡计分卡

平衡计分卡，是指基于企业战略，从财务、顾客、内部业务流程、学习与成长四个维度，将战略目标逐层分解转化为具体的、相互平衡的绩效指标体系，并据此实施绩效管理的方法。平衡计分卡通常与战略地图等其他工具结合使用。平衡计分卡适用于战略目标明确、管理制度比较完善、管理水平相对较高的企业。平衡计分卡的应用对象是企业、所属单位（部门）和员工。

4. 股权激励

股权激励，也称为期权激励，是企业为了激励和留住核心人才而推行的一种长期激励机制，是最常用的激励员工的方法之一。

股权激励主要是通过附加条件给予员工部分股东权益，使其具有主人翁意识，从而与企业形成利益共同体，促进企业与员工共同成长，从而帮助企业实现稳定发展的长期目标。

企业可以根据自身战略目标、业务特点和管理需求，结合不同工具方法的特征及适用范围，单独选用一种合适的绩效管理方法，也可以综合选用两种或两种以上的方法。

第三节　预算绩效管理相关理论

一、预算绩效管理的含义

（一）概念

所谓预算绩效管理，是以预算为对象开展的绩效管理，也就是将绩效管理理念和绩效管理方法贯穿预算编制、执行、监督的全过程，并实现与预算管理有机融合的一种预算管理模式。具体而言，预算绩效管理利用预算绩效信息设定系统的绩效目标，进行财政资源配置与优先顺序的安排，以帮助管理者维持或改变既定目标计划，并且报告其结果与目标符合程度的过程。由此可见，预算绩效管理是从微观层面出发，具有可操作性，以一级政府财政预算（包括收入和支出）为对象，其根本目的在于绩效的改进，即提高政府公共服务水平。绩效改进的关键是提高公共部门及其工作人员的能力和素质。

（二）特点

1. 战略性

预算绩效必须以组织战略为出发点，为战略实现提供服务。因此预算绩效必须考虑组织的生命周期。在关注组织短期经营活动的同时，重视组织长期目标，使短期的预算指标与长期的组织发展战略相适应，增强各期绩效预算编制的衔接性，使绩效预算管理成为组织长期发展目标实现的推进器。

2. 资源优化配置性

预算绩效管理是一种全员控制、全方位控制和全过程控制体系，在预算绩效网络下，组织全部资源都要纳入预算管理的监控中，有限的资源被重新组合分配，组织内部职能的界限已经在逐渐削弱。通过绩效预算使之能相互融合在一起，以便于更好地进行综合协调，减少资源闲置现象。

3. 系统管理性

预算绩效管理本身是一个机制化的系统控制过程，具有鲜明的程序性，使用纳入预算绩效管理的资源需要立项、编制、审批、执行、监督、差异分析和考评等，预算绩效管理系统设立的目的是降低预算风险，是一种自我约束、自我管理的管理信息控制系统。

二、预算绩效管理的目标

推进预算绩效管理的总体目标是贯彻党中央、国务院提出的“建设高效、有责任、透明政府”的总体要求，构建具有中国特色的预算绩效管理机制，牢固树立“讲绩效、重绩效、用绩效”“用钱必问效、无效必问责”的绩效管理理念，进一步增强支出责任和效率意识，全面加强预算管理，优化资源配置，提高财政资金使用绩效和科学化精细化管理水平，提升政府执行力和公信力。

三、预算绩效管理的原则

1. 统一组织，分级负责

预算绩效管理工作由财政部门统一组织和指导，各级财政和预算部门按照相关规定分别开展工作，各司其职，各尽其责。各级财政部门负责预算绩效管理工作的统一领导，组织对重点支出进行绩效评价和再评价。财政部负责预算绩效管理工作的总体规划和顶层制度的设计，组织并指导下级财政部门和本级预算单位预算绩效管理工作；地方各级财政部门负责本行政区域预算绩效管理工作。各预算单位是本单位预算绩效管理的主体，负责组织、指导单位本级和所属单位的预算绩效管理工作。

2. 统筹规划，远近结合

统筹谋划本地区、本部门预算绩效管理的总体思路和长远规划，确定基本目标和主要任务，落实保障措施；同时，要结合加强预算绩效管理的推进情况，既要有中长期规划，又要有年度目标，建立完善年度工作计划与长期规划相结合的机制。

3. 程序规范，重点突出

建立规范的预算绩效管理工作流程，健全预算绩效管理运行机制，强化全过程预算绩效管理。加强绩效目标管理，突出重点，建立和完善绩效目标申报、审核、批复机制。既要积极扩大预算绩效管理覆盖面，逐年增加绩效目标管理范围和绩效评价项目，全面推进，又要结合本地区、本部门实际情况，因地制宜，积极探索，以重点民生项目作为突破口，以点带面，早出实效。

4. 改革创新，协力推动

既要适应新形势新任务的需要，解决当前影响财政资金使用效益的问题，又要敢于突破旧框架旧观念的束缚，从制度机制上解决财政工作中存在的突出矛盾和问题。要在发挥各级财政和预算部门能动性的同时，充分借助各级人大、纪检监察、审计、社会中介等各方面力量，合力推动，提高政府执行能力。

5. 积极试点，稳步推进

各级财政部门和预算单位要结合本地区、本单位实际情况，勇于探索，先易后难，优先选择重点民生支出和社会公益性较强的项目等进行预算绩效管理试点，积累经验，在此基础上稳步推进基本支出绩效管理试点、单位整体支出绩效管理试点和财政综合绩效管理试点。

6. 客观公正，公开透明

预算绩效管理要符合真实、客观、公平、公正的要求，评价指标要科学，基础数据要准确，评价方法要合理，评价结果要依法公开，接受监督。

四、预算绩效管理的作用

在组织绩效预算管理的执行过程中，目标利润及由此分解的各个分预算目标是考核各部门工作业绩的主要依据及准绳，通过实际与预算的比较，便于对各部门及每位员工的工作业绩进行考核评价，有利于调动员工的积极性，使他们在今后的工作中更加努力。

在绩效预算管理模式下，组织将奖金、利润分享及股票期权计划同业绩目标的实现相联系，而业绩目标正是来自组织及部门预算中的数据。绩效预算管理在为绩效考核提供参照值的同时，管理者还可以根据预算的实际执行结果去不断修正、优化绩效考核体系，确保考核结果更加符合实际，真正发挥评价与激励机制在组织中的具体应用。

五、预算绩效管理的主体

1. 财政部门

财政部门作为预算绩效管理的组织主体，负责制定工作规划和规章制度，组织、领导预算绩效管理工作。

预算绩效的源头是财政投入，提高绩效必须从预算资金入手。由于财政部门承担着预算管理、财政监督等重要职能，随着绩效管理的引入，财政部门成为推动预算绩效管理改革的关键。

一般而言，财政内设绩效管理部门作为统筹组织机构，与财政内其他业务管理处室共同完成预算绩效管理工作。绩效管理部门负责从整体上拟定预算绩效管理的工作规划、规章制度和相应的技术规范，组织、指导本级预算部门、下级财政部门的绩效管理工作等。业务管理处室由于负责对口预算部门（单位）的部门预算管理工作，因此承担着绩效目标审核、配合绩效管理处室开展绩效跟踪和绩效评价工作、结果应用等职责。

2. 预算部门

预算部门作为预算绩效管理的责任主体，负责本部门预算绩效管理工作规划和规章制度，具体实施本部门及指导下属单位的预算绩效管理工作，下属各单位负责本单位的预算绩效管理工作。预算部门是财政资金的使用者，是预算绩效管理的重要主体。预算主管部门既使用财政资金，也管理下级单位的资金及业务，在财政部门和下属单位之间起着承上启下的作用。

预算主管部门根据自身管理需要及财政部门工作要求，负责制定本部门预算绩效管理的相关制度、工作计划、配套措施；组织实施本部门的预算绩效管理工作，指导、督促和检查下属单位的预算绩效管理工作；按规定编报本级绩效目标，审核、论证下属单位的绩效目标；组织对预算执行、项目进度等进行绩效跟踪，并督促整改；组织开展本部门和下属单位的绩效自评和重点项目评价工作，并对财政部门组织的重点项目绩效评价给予配合。

3. 第三方专业评价机构、专家学者

第三方中介评价机构、专业评价机构、高校等机构和专家学者作为预算绩效管理的参与主体，为绩效评价工作开展提供必要的技术和智力支撑。

评价机构和专家虽同为第三方组织，但承担的责任与义务不同。评价机构主要受财政或预算部门委托，辅导财政资金绩效目标申报、实施绩效跟踪评价和绩效后评价等。专家一般由绩效领域专家、预算领域专家和行业专家组成，主要参与项目立项前的评审（绩效前评价），以及绩效评价方案及报告的评审环节，对于评价方式是否科学、评价结果是否准确等进行判断，以保证评价结果的客观、公平、公正。从这个意义上说，专家与评价机构存在评审与被评审的关系。

4. 社会各界

社会各界是预算绩效管理的监督主体，包括人大、政协、审计等部门以及社会公众代表等，主要为工作开展提供相应的指导和监督。

我国各级人大主要承担财政预算的审批、监督等管理职能。

政协、纪委监察等部门对财政系统及预算部门（单位）的预算管理情况也具有监督职能。

审计部门对地方财政收支的真实、合法和效益具有审计监督职能，这些部门也在预算绩效管理中发挥着绩效监督职能，针对预算是否发挥效益、绩效评价结果是否得到应用等开展监督检查。

六、预算绩效管理的对象

预算绩效管理的对象，或称纳入预算绩效管理的资金范围，涵盖了所有财政性资金，包括纳入政府预算管理的资金和纳入部门预算管理的资金。

1. 纳入政府预算管理的资金

纳入政府预算管理的资金包括公共财政预算、政府性基金预算、国有资产经营预算、社会保障基金预算管理的资金。

2. 纳入部门预算管理的资金

纳入部门预算管理的资金既包括财政预算安排资金，也包括部门自有资金。另外，非政府预算部门（如企业）因受扶持获得财政资金后，由其配套安排的部分自有资金等，也属于此范围。

可以看出，上述两方面的内容存在一定重复，主要是受现有预算管理实际的影响，尚没有一个概念能全面概括预算绩效管理的资金范围，如纳入政府预算管理的资金中，社保基金预算等尚未纳入部门预算管理；而纳入部门预算管理的部分资金，如部门自有资金，以及非预算部门（企业）安排的配套资金等，又不属于政府预算管理的范畴。因此，用两个并行的概念进行描述，虽有交叉和重复，却可全面表述预算绩效管理的资金范围。

七、预算绩效管理的内容

预算绩效管理是一个由绩效目标管理、绩效运行监控、绩效评价实施、绩效评价结果反馈和应用共同组成的综合系统。预算编制有目标、预算执行有监控、预算完成有评价、评价结果有反馈、反馈结果有应用的“五有”归纳，既描述了预算绩效管理的各个环节，也概括了预算绩效管理的基本内容。其中，绩效目标管理是预算绩效管理的基础，绩效运行监控是预算绩效管理的重要环节，绩效评价实施是预算绩效管理的核心，绩效评价结果反馈和应用是预算绩效管理的落脚点。

第四章　预算绩效管理相关法规政策梳理

第一节　国外有关预算绩效管理制度与经验梳理

一、英国政府预算制度与经验借鉴

1. 实行分税制预算管理体制

英国政府预算划分为中央预算和地方预算两级，其中地方预算由包括英格兰、苏格兰、威尔士、爱尔兰和大伦敦市以及以下各级地方预算组成。地方预算收支根据法律规定不列入国家预算，但由于财力大部分集中在中央，地方收支预决算地方无权批准，需要经过中央批准。

英国实行高度集中的分税制财政管理体制，在比较明确划分事权和财权的基础上划分中央和地方的收入范围，按照税种划分中央和地方收入，实行严格的分税制制度，不设共享税，由相应税务机构征收，主要税源由英国中央政府控制，中央政府还通过转移支付、债务控制、行政控制等手段来控制地方。为防止贫富不均，英国中央政府对地方政府实行再分配控制。根据英国法律规定，英国地方税的立法权在中央，但由地方自定具体的征收率原则。同时，地方预算有固定的地方税和地方经济收入。中央财政部不与地方直接发生联系，由环境部负责处理两者关系，财政部只同环境部一家算账。

2. 议会对预算的控制权

议会对政府收支的控制。议会通过制定和调整税法、国债法、金融货币法等法律文件，行使在税收、国债、金融领域的财政权，发挥了控制政府收入、稳定国家财政金融的作用。议会通过有关法律如授权法、拨款法、委员会决议及各种非正式立法形式，控制政府开支项目和政府支出预算，也为政府活动提供物质保障。英国下院供应委员会和支出委员会拥有政府支出控制权，审查及核准预算由供应委员会负责，预算支出总额及各项目支出大小由支出委员会控制，同时支出委员会还负责审查提交给下院的预算以及相应文书档案。

英国议会预算审议权。由于英国政府收入预算和支出预算分列在不同的财政案中，议会分别对其进行讨论和审议。根据法律规定，下院全院委员会负责审议有关预算收入的重要原则条款，其他则由常设委员会审议。支出审议方面，凡是列入统一基金支出项目，不必每年审批。收入审议方面，议会需要每年审议表决的是所得税，其他预算收入项目，议会一般不必每年审议，另外，如果是现存税收需要修改或需要设立一种新收入时，才要议会审议批准。

3. 英国政府预算收支分类

英国政府将预算收入分为中央政府预算收入和地方政府预算收入。

中央政府预算收入包括直接税、间接税、国民保险基金及其他杂税费三类。其中直接税主要包括个人所得税、公司所得税、资本利得税、印花税、遗产税、石油收入税，直接税由国家国内收入局征收。间接税主要包括增值税、消费税和关税，间接税由国家关税和消费税局征收。而国民保险基金是由中央政府的社会保障部基金收入局向公司收取。

地方政府预算收入。地方政府预算收入包括中央政府补助金收入、地方税收和地方自筹收入三类。中央政府补助金分为专项拨款和普通拨款；地方税收，包括市政税、营业房产税；地方自筹收入包括公有住房租金收入、购物中心地产收入、停车场收费等地方政府自有资产收益和地方借款包括中央政府分配的借债额度和地方发行的债券。地方税收由地方自行组织征收。

英国政府将预算支出分为中央政府预算支出和地方政府预算支出。

中央政府预算支出包括国防、外交、社会保障、个人社会服务、卫生保健、工业、能源、贸易和就业、运输、教育、科技、中央政府债务还本付息等支出。

地方政府预算支出根据资金使用性质和拨款来源分为经费支出和投资支出两类。其中，经费支出包括中小学义务教育经费支出，部分卫生保健支出，地方行政管理部门经费如警察局、法院经费支出，地方政府债务还本付息支出，住宅和公共事业经营支出，社会服务支出如图书馆、公园等公共休闲设施以及环境保护、地方运输经营等方面支出。地方投资则包括住宅建筑、学校、医院、道路等方面建设投资支出。

4. 英国政府预算编制与执行

英国中央政府预算由财政部负责编制，经内阁会议讨论通过后，呈交议会批准执行。预算期为一年。预算年度起讫时间为当年 4 月 1 日到第二年的 3 月 31 日。英国政府预算是实行三年滚动性预算，第一个年度的收支预算比较详细，后面两个年度预算则是概算性的。

英国政府预算编制有严格的程序。在编制预算之前，财政部首先要进行公共财政支出调查，包括调查预算支出情况，分析经济形势，在此基础上提出公共支出的调查报告并发送给各部门，政府各部门依据该报告编制部门支出概算。11 月政府发表《秋季声明》（该声明也称小预算），《秋季声明》是政府呈送议会的正式预算报告的草案，发表该声明（预算草案）是想通过该声明听取社会各方面对该预算草案的意见和反映。12 月政府各部门上交部门支出概算给财政部，在财政部审核汇总后，于第二年 3 月呈送议会。约在 3 月中旬或 4 月初，财政大臣向下院宣布题为《财政状况与预算报告》的新财政年度预算方案，其内容如下：近几年经济发展状况的回顾，未来三个财政年度的经济预测，公布一系列反映经济政策变化的财政、货币指标体系（公共支出指标、货币供给量指标、各部门借款需求指标等）。在这个预算方案中，税收建议是核心内容，包括征收标准、税收范围变化、税目废除、新税目开征、改变征税行政机构等。当然，这个《财政状况与预算报告》只是政府预算方案的概要，预算细节内容则是在随后发表的《财政法案》中公布，一般情况下，议会在 7 月表决该法案，获得通过后，立即生效。

5. 英国政府的预算监督

议会对政府预算的监督机构主要是平民院，包括全院大会和委员会两个层次。全院大会主要是对政府预算开支方案进行审议、表决，其监督程序包括辩论、质询、立法。通过对政府开支预算、概算、国家开支白皮书进行辩论，议员可以在政府预算、概算的态度及对上述财政政策、预算支出方面表明议员的看法。通过质询，议员则可以得到政府各部门有关预算的支出、决策等信息。立法监督则是通过制定概算决议、征税决议、征税法进行。委员会对预算监督主要表现为各部门委员会对各自主管的政府部门的政策工作的跟踪，把所获取的材料通过联络委员会报告给全院大会。各部门委员会对政府各部门预算的监督主要包括预算支出金额和支出政策方面，金额方面包括监督检查支出是否节约、是否达到预期目的，政策方面监督检查包括支出政策是否合理等。

议会的监督途径主要包括监督预算的收入和监督预算的支出两方面。在预算收入监督方面，税收是英国政府预算收入的主要来源，税收包括长期税和年度税两种。长期税如关税等是经议会通过法律批准后政府可以长期征收的。年度税如所得税是议会授权政府征收的年限仅为一年，一年后须经议会重新授权政府才可以征收。因此，年度税是议会监督政府预算收入的主要手段，是议会行使征税权的基本方式。议会以法案形式授予政府年度税征税权。议会监督税收的环节包括听取财政大臣预算演说、进行预算辩论、审议财政法案等。预算支出监督主要通过年度授权制度、专项拨款制度、拨款审议制度、余款退还制度以及审计监督等进行。其中，年度授权制度通过对政府年度开支项目申请的授权来监督政府支出行为，是议会监督控制政府预算支出的基本方式。拨款审议制度是下院全院大会对政府提出的年度支出概算进行审议、表决、形成若干法案、授权中央银行向政府支出款项，其中必须遵循支出是否符合选民利益和是否厉行节约两个原则。余额退款制度则是规定政府年度经费如有富余必须退还，不能转作下一年度的经费。议会的审计监督是通过在议会设立审计总长和审计署对政府支出进行监督。审计总长是平民院官员，独立于政府，审计总长全权决定审计对象、审计内容以及审计署各项报告，审计署受审计总长领导，具有独立性。审计总长和审计署负责对中央政府部门和各公共部门的支出进行审计、对议会所拨经费的使用效果进行检查等。

英国政府的预算执行十分严格。在预算收入方面，英国税务部门严格按照税收法律征收各类税款，不得随意增减税收。在预算支出方面，政府各部门不得随意追加预算支出，如果确需追加预算支出，则首先要把追加支出上报财政部，经过财政部审查后，再上报议会审批。在议会尚未批准之前，任何人包括首相在内都无权同意追加预算支出。英国中央政府每年都安排几十亿英镑的预算预备费，如果需要动用预算预备费，也必须经过议会审批。

6. 英国政府预算法律体系

英国是世界上最早建立预算制度的国家，也是最早建立现代国家预算制度的国家，相应地，也形成了比较完善的预算法律体系，包括《同一基金法案》《议会法》《地方政府法》，其中《同一基金法案》中有关政府预算的法律法规包括《公共支出调查报告》《秋季声明》《财政状况与预算报告》《预算法案》。

《公共支出调查报告》是财政部分析经济形势和对公共支出进行调查所形成的调查报告，是政府各部门制定本部门支出预算的依据。《秋季声明》作为政府提交给议会的正式预算报告的草案，是政府各部门编制部门概算基础上财政部进行审查汇编而形成。《秋季声明》发表时间一般为 11 月。《财政状况与预算报告》则是财政大臣向下院提交的新的预算年度的预算方案，提交时间一般为 3 月中旬或 4 月初。《预算法案》是经议会批准生效的法案，包括拨款法案、统一基金法案和筹措资金法案，一般情况下，批准时间为每年 8 月 5 日。《议会法》则是对经过议会审议批准的《预算法案》作出相关规定。《地方政府法》就中央和地方的事权和财权作出比较明确的划分，就中央和地方公共支出范围进行明确划分和规定，就中央对地方的转移支付也作出明确规定。

7. 英国政府预算制度的经验借鉴

英国作为世界上第一个实施政府预算的国家，形成了比较完善的预算制度，其中许多经验值得借鉴。

明确划分中央与地方的事权与财权。英国实行高度集中的分税制财政预算管理体制，中央和地方的事权和财权划分比较明确，在此基础上划分了两者的收入范围。实行严格分税制制度，按照税种划分中央和地方收入，在中央与地方之间不设共享税，中央收入包括直接税、间接税和国民保险基金及其他杂税费三类，地方收入包括中央政府补助金收入、地方税收和地方自筹收入三类，但英国主要税源由中央政府对地方政府实行再分配控制，通过转移支付、债务控制、行政控制等手段来控制地方。在协调中央与地方财政关系方面，由环境部具体负责，中央财政部不与地方直接发生联系。

实行严格的政府预算编制执行程序。英国财政部负责政府预算编制。财政部首先要调查预算支出情况，分析经济形势，提出公共支出调查报告并提交给政府各部门作为编制部门概算的依据。之后政府发表《秋季声明》听取社会各方面的意见，然后财政部审核汇总各部门上交的支出概算，于第二年3月呈送议会。大约在3月中旬或4月初，财政大臣向下院宣布新的财政年度预算方案（预算概要），预算概要包括近几年经济发展状况回顾、未来三个财政年度的经济预测，公布反映经济政策变化的财政、货币指标体系，其中税收建议是核心内容，之后公布反映预算细节内容的《财政法案》，该法案获议会通过后生效。执行中，预算收入由税务部门严格按税法征收，不得随意增减，政府各部门不得随意追加预算支出。确需追加支出，报财政部审核、议会审批。未经议会批准，任何人（包括首相）都无权同意追加支出。如果动用预算预备费也必须经议会批准，中央银行配合预算执行。

议会严格监督预算，控制政府收支。议会通过有关法律调整，如《授权法》《拨款法》委员会决议以及各种非正式立法形式，来控制政府收支项目和政府支出预算。议会的监督机构主要是平民院，包括全院大会和委员会两个层次。全院大会主要是对政府预算开支方案进行审议、表决，其监督程序包括辩论、质询、立法。委员会对预算监督主要表现为政策工作的跟踪，并把所获取材料报告给全院大会。各部门委员会监督包括预算支出金额和支出政策方面。预算收入监督方面，议会主要通过控制政府征税权特别是政府年度税征收权来实现预算收入监督。预算支出监督方面，议会通过年度授权制度、专项拨款制度、拨款审议制度、余款退还制度以及审计监督等进行。

建立健全完备的预算法律体系。英国作为世界上最早建立现代政府预算制度的国家，在预算方面形成了一套比较完善的法律体系，如《同一基金法案》《议会法》《地方政府法》，其中《同一基金法案》中有关政府预算的法律法规又包括《公共支出调查报告》《秋季声明》《财政状况与预算报告》《预算法案》。《议会法》对经过议会审议批准的《预算法案》作出相关规定。《地方政府法》对中央和地方的事权和财权作出比较明确的划分，对中央和地方公共支出范围进行明确划分和规定，对中央对地方的转移支付也作出明确规定。

二、美国政府预算制度与经验借鉴

1921 年美国《预算与会计法》的颁布实施，标志着现代政府预算制度开始在全国正式实施。作为世界上最发达的市场经济国家，其政府预算制度经过不断的改革和完善，现已形成了一套比较完善、规范的预算管理制度。

1. 美国政府预算管理体制

由于美国是一个联邦制国家，与联邦制行政体制相适应，美国实行的是联邦、州和地方三级政府的分权分税制预算管理体制。

（1）美国政府部门中的预算机构设置及其职能。美国在联邦政府内部和州政府内部设立管理与预算办公室和财政部门，管理与预算办公室和财政部门为职能不同的同级部门，总统管理和预算办公室直接对总统负责，管理和预算办公室负责汇总政府各部门的预算，编制支出预算，然后提交给总统审核和经总统提交给国会，预算经过国会批准后，管理与预算办公室按项目进行分配预算资金，监督行政部门的预算执行，确保预算执行达到预算目标。联邦和州政府的财政部门则负责根据过去收入情况及经济发展预测对财政收入进行分析、收集和管理，编制收入预算。

（2）美国国会中的政府预算审核机构及职能。美国国会由参议院和众议院组成，参众两院审核联邦预算编制的机构包括预算委员会、拨款委员会、筹款委员会、国会预算局和会计总监局。预算委员会主要负责审查预算草案的宏观目标和总体规划，通过审议形成初步预算决议。国会拨款委员会主要负责审议拨款法案，为政府部门拨款授权。两院拨款委员会下面又各自设立了 13 个小组委员会，负责确定有关部门及项目的预算拨款。筹款委员会主要负责审议税收法案。国会预算局是一个法定的专业参谋机构，负责为两院提供有助于经济和预算决策的专业、客观、及时、非政治化的分析，并独立编制一整套预算，供国会参考，为上述委员会提供辅助性服务。会计总监局则是负责审计政府财务，力图把政府财务活动限制在国会批准的范围内。

（3）实行分权型预算管理体制。由于美国没有统一税法，联邦和州及地方政府拥有各自的财税法律，各级政府在法律明确划分各自事权的基础上，独立行使预算权，各级遵循本级独立编制、审批、执行本级预算的管理制度，自收自支、自求平衡、自行管理、自成一体。在税收权即财权方面实行分税制，美国政府通过明确划分中央政府与州、地方各级政府之间的事权，在此基础上、通过设立不同税种，以此来解决中央政府和州政府、各级政府之间的财权分配问题。美国联邦政府的税收主要有公司所得税、个人所得税、社会保险税、销售税、遗产赠与税，其中公司所得税、个人所得税、社会保险税为主体税种，约占联邦税收的90%。州政府税收主要是销售税，约占税收总额的50%。地方政府税收主要以财产税为主，占税收总额的80%~90%。当然，为解决中央与地方之间以及不同地方之间的收入不平衡问题，美国制定实施了规范的政府间财政转移支付制度。总之，美国政府预算管理体制实行的是典型的分权分税的财政预算管理体制。

2. 美国政府预算的编制、审批与执行

（1）美国预算编制程序比较复杂、编制时间比较长。从编制部门预算开始到预算审计，一个周期需要历时33个月。政府在一个财政年度内，既要执行本财政年度预算，又要对上一年度预算进行审核和编制下一年度预算。根据1977年通过的《预算改革法》，美国预算制度时间为每年的10月1日至第二年的9月30日。在《预算改革法》实施前的预算年度为每年的7月1日到第二年的6月30日。美国联邦政府预算编制主要是实行收支两条线的单式预算编制方式，预算支出由总统管理和预算办公室负责编制，预算收入由财政部负责编制，不过地方预算大多数则是按照复式预算方式来编制，并且预算年度时间还是按照过去模式，即每年7月1日到第二年的6月30日。

（2）预算编制和审批。预算编制时间为9个月，管理与预算办公室和总统在预算年度开始前的18个月前需要确定预算年度的政策目标。预算准备时间为3个月，在此时管理与预算办公室下达预算指示和政策指导，政府各部门编制和提交本部门的预算计划，时间为3个月。管理与预算办公室汇总各部门预算，编制总预算草案并提交总统初步审议，时间为3个月。总统审议后提出新的财政年度的预算草案提交国会审议，时间为次年2月的第一个星期一之前。国会收到总统提交的预算草案，并提交给国会相关委员会包括国会预算办公室、两院预算委员会、两院拨款委员会及其他对支出有管辖权的委员会和筹款委员会审议。在国会审议预算草案过程中，国会参考政府提交的预算草案，重新收集有关信息，在分析新的一个财政预算年度的财政经济形势基础上，经过预算听证和预算辩论，最后确定批准年度预算。其中听证环节由国会有关委员会主持听证会，听取有关部门要求补助预算资金的意见，在听证和了解相关信息基础上，国会展开预算辩论，最后在国会以多数议员同意为原则确定和批准新的财政年度预算，国会审批预算的时间约为9个月。这个过程包括国会预算办公室向两院预算委员会提出预算报告，两院各专门委员会向预算委员会提交有关预算收支的意见和评估，两院预算委员会提出第一个国会预算提案，提交众、参两院讨论，并通知总统，总统审查第一个预算提案并提出修改意见，国会协调立法，众议院完成年度拨款法案，国会办公室预估拨款法案的影响，国会通过第二个预算决议，并提交总统签批。总统履行法律程序，在预算文件上签字。经签署，该预算即具有法律效力，各有关部门开始具体执行，预算年度正式开始。

（3）预算的执行。预算执行年度为12个月。政府预算经过国会批准、总统签署后，就以法律的形式确定了下来。预算执行中，预算支出即预算资金的管理和分配由管理和预算管理办公室负责，预算收入由财政部负责。预算支出按进度分季度拨款和按项目类别进行分配。在预算执行过程中，如果需要追加预算支出，则需要国会立法修正案。另外，在预算执行过程中，如果遇到一些特别的情况，某些预算支出项目可以推迟或被取消，但必须向国会报告。国会管理和预算办公室还负责控制预算执行，检查各部门预算支出是否有超支或结余。财政部负责预算收入，包括负责国内税收法律的执行和征收国内各种赋税，同时财政部还负责预算执行中的资金调拨，财政部在各银行设立收入户和支出户，根据管理和预算办公室的预算安排，把财政资金由收入账户划入支出账户，办理预算拨付，有的联邦财政支出是通过政府采购方式，直接支付给商品和劳务的供应者。在财政出现收不抵支的情况时，财政部可以按资金缺口的时限和当时的银行利率，在国会核定债务额度基础上，灵活地确定债务种类、期限和利率。

3. 美国政府预算的审计与监督

美国预算监督机构由政府内部的监督机构和外部监督机构组成。国会会计总监局是美国预算的外部专门监督控制机构，该机构负责审计政府预算的执行，负责审查政府预算是否严格按照国会通过的法案执行以及在年度预算结束后审查联邦政府预算的执行情况，评估预算支出效益，向国会提供审计报告。此外，国会会计总监局还通过在联邦政府每个机构内部设立一个总检察官负责监督预算执行。具体来说，这个总检察官的工作包括查阅那些已经审计过的政府部门预算支出文件，以及就预算执行问题对政府部门人员进行询问，向国会报告预算执行情况。报告包括定期（每6个月）的日常报告和专门报告两种。通过总检察官工作，实现和强化了国会作为立法机关对政府预算的监督，也实现了预算审计和预算调查的有机结合。政府预算的内部监督主要由联邦政府部门的各部门内设机构组成，即联邦政府内部每个部门都设立一个预算监督机构，负责本部门内部预算执行的监督，该机构领导由该部门的财务领导兼任。此外，除了每个部门自己的内设预算监督机构外，联邦政府总统管理与预算办公室也有权力对联邦政府部门所有机构的账目进行检查。

4. 美国政府预算法律体系

虽然没有单独的预算法，但美国以宪法为中心的一系列相关法律制度构成了现行的预算法律制度体系，包括1921年的《预算和会计法》、1974年的《国会预算法和扣留控制法》、1985年的《平衡预算和赤字紧急控制法》、1990年的《预算实施法》、1993年的《政府绩效与结果法》以及1870年的《反赤字法》，涉及预算基本框架、预算编制、国会预算行为、预算执行等方面。其中，宪法规定了预算的基本框架。《预算和会计法》和《立法重新组织法》（1970年）则就预算编制管理机构作出规定。《预算和会计法》的通过使美国建立起了现代联邦预算制度。《立法重新组织法》则重组了总统行政办公室，把原来隶属财政部的预算局独立出来，改为管理和预算办公室，直接向总统负责。《国会预算扣留控制法》则是就国会的预算行为作出规定。针对预算赤字、控制预算平衡，专门出台了《格拉姆、路德曼、霍林斯法》（1985年），后来进行修改，改为《平衡预算和赤字紧急控制法》，对预算赤字进行了有计划的限制。《预算实施法》则重新确定了新的支出种类和相应的支出限制。《政府预算及结果法》则是加强了预算绩效的管理。此外，《反赤字法》规定了限制拨款总量，《指挥控制法》（1974年）规定了拨款延迟行为的法律责任，《主要财政官员法》则管理着预算局高级官员的任免程序，并赋予其监督预算执行的法律义务。

5. 美国政府预算制度的经验借鉴

美国作为一个现代化发达的市场经济国家，其预算制度比较成熟完善，许多经验值得借鉴。

（1）预算管理机构科学设置、职能合理配置。美国就政府预算在编制审批执行监督四个方面，在政府、国会内部科学设置了相应机构并明确划分各自职责。国会参议院和众议院负责预算审批，两院设立了预算委员会、拨款委员会、筹款委员会等专门委员会，对总统提交的预算草案进行审查批准。国会还设立了专门的国会预算局，协助国会开展预算工作，向国会提供对预算草案的意见。在预算编制执行方面，政府内部设置了总统管理和预算办公室，负责联邦预算的编制、分配预算资金、监督预算执行以及财政分析与预测等工作，直接对总统负责，与财政部无隶属关系；财政部则负责预算执行，包括控制预算项目拨款、管理预算资金、报告预算执行结果等工作。国会内部还设立专门的监督机构会计总监局，独立行使审计监督权，负责监督政府预算、审计政府财务，把政府财务活动限制在国会批准的范围内。

（2）预算程序严密、时间长。美国政府预算从编制到审计，一个预算周期需要历时 33 个月。预算编制时间 9 个月，预算审议批准预算时间约 9 个月。预算执行中，管理和预算管理办公室负责预算资金管理和分配，控制预算执行。财政部负责预算执行，包括执行国内税收法律和征收赋税，以及预算执行中的资金调拨。在执行中，有严密的监督，除了政府内部监督外，还有严格的外部监督，其中隶属国会的会计总监局是政府预算的外部专门监督机构，负责审计政府预算的执行和年度预算结束后预算执行情况，评估预算支出效益。此外，国会会计总监局还通过在联邦政府每个机构内部设立一个总检察官（总检察官须经国会批准和总统任命）监督预算执行。

（3）构建比较健全的预算法律体系，以保障预算实施。以《中华人民共和国宪法》为中心的，包括《预算和会计法》《立法重新组织法》《国会预算法》《平衡预算和赤字控制法》《预算实施法》《政府绩效及结果法》《反赤字法》在内的一系列相关法律构成了美国现行的预算法律制度体系，涉及预算基本框架、预算编制、国会预算行为、预算执行等方面。

三、日本政府预算制度与经验借鉴

日本作为一个发达资本主义国家，其现行的政府预算制度是第二次世界大战后建立起来的，实行的是在中央集权与地方自治相结合、明确划分各级事权基础上的分级分税财政预算体制。

1. 日本政府预算管理体制

日本宪法就日本政府预算的原则与形式作出了明确规定，预算原则包括预算的事前决议原则、公开原则、总额预算主义原则、国库统一原则、会计独立年度原则、单年度原则、预算约束性原则，实现复式预算制度。关于预算构成，日本财政法则作出了明确规定，由预算总则、继续费、递延许可费及国库债务负担构成。根据日本的行政体制和财政制度，日本政府预算划分为中央预算和地方预算，地方预算又分为都道府县预算和市町村预算。中央预算分为一般会计预算、特别会计预算和政府有关机构预算三类。政府负责预算编制，国会负责预算的审议批准，各级政府负责管理本级政府预算。中央政府通过编制《地方财政计划》来指导地方财政运营、管理地方预算，其指导管理主要由负责地方事务的自治省和大藏省共同负责，指导管理职能主要体现在转移支付资金的分配和地方债发行的审批两个方面。中央对地方转移支付形式主要包括地方交付税、国库支出金、地方让与税、固定资产税拨付和交通安全特殊补贴五种，其中地方税支出和国库支出金占中央对地方转移支付比例的90%以上，占中央财政支出的40%左右，约为地方财政收入的1/3，中央政府通过集中掌握和分配转移支付资金实现对财力纵向不平衡和地区间横向不均问题的解决。

国会作为国家立法机关，日本宪法对其财政权限作出了明确规定：在财政预算权限方面负责审议通过政府预算及与国家财政有关的议案及监督预算执行、决算等，通过行使财政预算审批权来履行其立法机关的决策监督作用。众议院设置了预算委员会和决算行政监督委员会，委员会对预算、条约、法律案等提案以及请愿事项进行专业性的详细审查以及所分管事项进行国政调查，其中预算委员会负责审查国家岁入岁出预算，政府部门必须根据国会决议才能行使财政预算方面的权限。

2. 日本政府预算的编制

日本预算年度从4月1日开始。日本的宪法规定，只有内阁才有权力编制预算和向国会提交预算。日本预算编制程序如下：首先，政府进行经济预测，以此作为下年度预算编制的基础。其次，进行预算编制方针的决定，时间大概在七八月间。预算编制方针是表明政府对下年度编制预算的基本态度，该方针由内阁会议决定。鉴于政治经济形势复杂多变，难以过早制定，因此，一般先由各部厅编制概算，然后大藏省暂定预算编制方针。再次，政府为了明确各部厅政策的优先程序和节省行政经费，在提出概算要求之际，设定了一个概算要求额的上限，即概算“要求上限”，在此范围内由内阁协商概算要求。概算要求就是要求以货币方式的定量化来展示政府各部门下年度的施政计划，一般是在每年的六七月，各部厅对下年度岁出岁入及国库债务负担进行估算并以书面形式提交大藏省。大藏省对所提交的概算要求进行审定，审定时先进行概算推定。在审定概算要求的过程中，财政制度审议会、税制调查会、国家公债发行等政府咨询机关说明下年度财政运行、税制方针、国家公债发行限额等，财政当局据此整理出下年度定量化岁入岁出预算，大藏省编制概算审定方案，提交内阁议决。经内阁决议后，大藏省把大藏省原案秘密传给政府各部厅，经各部厅与大藏省就预算额度进行讨价还价，最后确定预算案概算，并提交内阁决议。经内阁决议通过后，大藏大臣发布概算通告，即大藏大臣把预算决定数额通知各部厅，各部厅大臣及独立机关首长据此制作相关经费要求书，然后大藏大臣进行综合整理，编制出正式预算案，并交由内阁议决和提交国会审议。

3. 日本政府预算的审议和执行

预算案经内阁会议决定后，内阁于1—2月向国会提交年度预算案。预算案一经提交，众参两院就开始正式审议预算。首先是众议院召开全体议员大会听取大藏大臣的财政演说，即听取大藏大臣关于年度预算案的介绍。然后众议院议长把预算案提交给众议院预算委员会审议，审议过程包括综合审议，即对整个预算向内阁总理大臣、大藏大臣和有关官员提出质询；一般审议，即对预算案个别项目向内阁总理大臣、大藏大臣和有关官员提出质询；然后召开听证会，听取各党派推荐的公诉人就预算案的不同意见；之后预算委员会分为若干分会分别听取审议有关大臣或政府委员对预算细目的介绍并提出质询，然后把情况报告给预算委员会委员长；最后再次进行综合审议，即预算委员会对预算案进行讨论表决，并由预算委员会委员长把审议经过和结果向众议院大会报告，由大会予以决议通过和提交参议院审议，参议院也同众议院的程序一样进行审议议决。如果参议院作出与众议院不同的预算决议，那么两院举行协调会，如果两院协调会仍未能取得一致意见，最后以众议院的最初决议为国会决议，预算正式成立。

预算案成立之后，经国会授权，内阁取得了财政运用权，开始把岁出岁入预算、继续费及国库债务负担行为分配到各部厅和独立机关首长，各部厅和独立机关得到预算分配后开始执行预算。在预算执行过程中，原则上必须严格按照目的使用预算，不得随意移动挪用。但在实际执行过程中，如果发现最初预算有些设置不合理或者实际情况发生比较大的变化，在项目之间或部门组织之间，可以进行预算的融通移用，但必须先经国会审批和大藏大臣的允许。另外，在预算执行中如果出现一些特别情况需要追加预算的，内阁必须按照预算编制程序编制补正预算，并提交国会审议批准。

4. 日本政府预算监督

日本预算实现了公开制度，在支出方面，所有财政支出必须列入预算，不能有预算外的财政支出，而且所有财政预算必须公开，其中建设性预算支出公开必须到具体项目。预算监督主体包括国会、会计审计院和全体国民以及政府内部的财政部门，政府预算支出必须接受他们的监督，而且监督是依法的经常性的工作，上述部门对预算支出的监督职责、权限、程序均按照法律规定来执行。国会对预算的监督主要表现在预算的审批上，通过预算审议批准对预算支出规模及使用去向进行严格控制。审计部门对预算的监督主要表现在对预算编制及预算执行是否科学、严肃等方面展开审计，确保预算资金使用符合效率原则和法律原则。财政部门对预算监督管理也主要体现在预算编制和执行方面。在预算编制方面，财政部门通过确定预算编制方针、审定政府部门概算要求、汇编预算草案、控制支出等来实现管理监督职能。就财政支出而言，财政支出前，政府部门必须向财政部门提交具体的支出计划，支出后则必须及时向财政部门和审计部门提交支出报告。由于大藏省具体负责预算执行，为履行自身的预算管理监督职能，它在全国各地设立若干财务支出局和财务事务所等派出机构，大藏大臣还就预算执行进行现场调查，要求政府各部门提交预算支出进度报告。会计审计院作为一个具有独立于内阁地位的专门的审计监督机构，它依据宪法和国家收支决策对预算进行检查，会计审计院每年就内阁提交的国家收支决策进行审查，并提出审查报告，然后由内阁连同决算一起送交国会决算委员会审议，审议后由国会全体会议通过，通过后意味着该年度预算终了。

5. 日本政府预算的法律体系

日本构建了比较完善的预算法律体系，从不同层面对政府预算制度进行了全面的规范。首先是日本宪法。日本宪法有关条款就预算问题作出了明确的规定，如预算形式，预算原则，国会、内阁的预算权力等。除了宪法外，日本有关财政预算方面的法律还有财政法、地方财政法、会计法、国有资产法等，其中财政法、地方财政法就政府财政处理、预算、决算的基本制度以及政府间财政责任划分等体制问题做了明确规定；会计法就财政运营、执行情况监督等方面进行专门的规定；国有资产法对国有财产的管理、处理等方面进行了规定。此外，日本还制定了一些细则，对预算中的具体问题进行细化规定，如预算、决算及会计条令、物品管理法施行条例等。

6. 日本政府预算制度的经验借鉴

日本政府依据宪法和有关法律，建立起一套比较完整严密的预算制度，其许多经验值得我们借鉴并给以我们启示。

（1）坚持政府预算的完整性和统一性。政府预算的完整性就是要求政府所有收支必须列入预算，不允许有预算外的收支。日本政府还强调预算编制必须坚持收支的统一性原则，在一个预算年度结束后，政府各部门必须提交一份预算收支对应总会计报表给财政部。

（2）突出预算职能与政府职能的有机统一。日本政府预算包括一般会计预算、特殊会计预算和政府有关机构预算三类。这三类预算活动基本涵盖了政府所有职能活动。各类预算对应着不同部门不同职能的活动，保障政府职能活动与预算职能的有机统一。有职能有预算，不能有职能无预算。

（3）坚持预算编制的经济预测，强调预算编制的科学性。日本政府在编制预算前，首先是进行经济预测编制，以此作为预算编制的基础。为此，由经企厅负责，并与大藏、通产两省和日本银行协调，共同完成经济预测编制，提交内阁会议决定，然后决定下年度的预算编制方针。通过经济形势的预测，准确把握当年国家经济、财政状况，从而保证了预算编制的科学性。

（4）强化国会的预算审批权、监督权。预算案提交国会后，国会并不是简单地履行程序，轻易通过预算，而是要对预算的科学性、合理性进行严格的审查。预算执行中必须接受国会的严格监督，如果有预算项目的融通移用必须经国会同意。如果有追加预算，必须按程序编制补正预算并提交国会审议批准。

四、澳大利亚绩效管理情况及经验启示

1. 澳大利亚府际关系和政府间财政分权

澳大利亚政府层级由联邦政府、州政府和地方政府三级构成，政府实行完全分税的分级财政管理体制。在财政收入管理方面联邦政府占主体地位。联邦政府税收主要包括公司和个人所得税、商品服务税、员工福利税、消费税、退休基金保证金等，州政府税收主要包括财产税、工薪税、土地税、印花税和博彩税等。在财政支出管理方面，依据政府间明确的事权划分，联邦政府承担联邦政府事权范畴内的本级支出，以及联邦政府对于州政府的一般性转移支付支出和教育、社会福利等专项转移支付支出，州政府承担州政府事权范畴内的财政支出，地方政府财政支出依靠联邦政府转移支付保证。

澳大利亚为保证公共服务均衡化目标实现，一方面部分基础公共服务，如公共教育、社会保障等，由联邦政府和州政府承担共同事权和财政支出责任；另一方面实行横向均衡的财政转移支付制度，如果某州政府在收入管理方面达到平均努力程度，在政府管理效率方面达到联邦平均水平，联邦政府有责任通过转移支付，使该州政府具有提供全国平均公共服务水平的财政能力。

2. 澳大利亚政府绩效管理理论和管理实践

（1）政府绩效管理手段改革探索阶段。从 20 世纪 70 年代中期开始，受全世界范围经济滞涨危机的影响，澳大利亚赖以生存和发展的外贸产业遭受巨大打击，整体经济运行陷入严重衰退，高福利社会公共服务使政府开支巨大，政府财政支出使用效率低下，政府赤字问题严重。在这种宏观背景下，澳大利亚政府通过政府公共管理改革建立高效节约的政府，组织专家研究提交《国家功能评估报告》和《国家行政评估报告》。在此报告的基础上，1983 年发布《改革澳大利亚公共服务》白皮书，提出公共服务的改革目标。1994 年通过《公共服务改革法案》，开始对公共服务和公共部门进行大刀阔斧的改革，在公共部门引入私人部门的管理方式和市场竞争机制下，行政改革涉及所有政府部门组织模式、流程管理、角色定位和部门文化等方面，具体措施包括组织变革、分权管理、商业运作、公司模式、私有化等，通过上述措施提升政府管理能力并减轻政府财政负担。

（2）政府绩效管理改革全面深化阶段。20 世纪 90 年代受国内高利率影响，澳大利亚联邦政府面对促进经济增长和维持福利国家的双重财政支出压力，而增加税收和举借债务几无可能，因此澳大利亚政府推动激进、彻底的政府绩效管理改革，包括缩小政府机构规模、控制政府支出成本、强调政府运行效率等政策措施。其中以提升政府工作效率为目标、以结果为导向的政府绩效管理改革作用最为显著。1997 年澳大利亚政府出台《公共服务法案》《财政管理和责任法案》和《联邦政府服务宪章》，1999—2000 年澳大利亚政府陆续出台《辨析目标和产出》《澳大利亚政府以权责发生制为基础的目标和产出框架：审查指南》《目标和产出框架》，政府绩效管理战略转移到注重项目的成本和产出、部门预算和绩效评价结果。经过理念确定和程序完善，澳大利亚政府形成以目标和产出框架理论为指导的政府绩效管理体系。

3. 澳大利亚财政支出绩效管理的发展情况和经验启示

（1）澳大利亚财政支出绩效管理发展情况。澳大利亚是全世界推进政府财政支出绩效管理较为激进、较为彻底的国家之一。通过政府绩效管理改革工作，构建市场化政府管理模式，实现提高政府工作效率、减少社会成本、压缩政府开支的目标，增强政府的责任感和透明性，有效推动政府财政支出绩效管理。

20 世纪 70 年代之前，澳大利亚实行支出式预算管理，并未特别关注政府支出绩效管理问题。从 20 世纪 70 年代中期开始，澳大利亚政府强化财政支出管理，1984 年正式颁布《公共财政管理法案》和《预算改革》白皮书，加强政府部门财政支出责任。1985 年澳大利亚政府要求对于每一新的政策和项目建议进行绩效评价，对于正在执行过程中的项目进行三年滚动绩效评价计划并报送财政部，要求每 3~5 年对每一个政府项目计划进行绩效评价，并将绩效评价报告公开出版。结合《改革澳大利亚公共服务》白皮书，1987 年成立效率审查司和管理顾问委员会，要求并帮助政府部门准备并推行财政支出绩效评价计划。

1996 年澳大利亚全国审计委员会发表一份关于建立权责发生制会计制度的报告，启动了真正意义上的绩效预算和财政支出绩效评价工作。1997 年澳大利亚出台《公共服务法案》《财政管理和责任法案》和《联邦政府服务宪章》，1999—2000 年澳大利亚政府陆续出台《辨析目标和产出》

《澳大利亚政府以权责发生制为基础的目标和产出框架：审查指南》《目标和产出框架》，政府绩效管理战略转移到注重项目的成本和产出、部门预算和绩效评价结果，要求各部门运用目标和产出理论编制年度预算报告和年度绩效评价报告，各部部长在向财政与管理部上报《部长预算陈述》时，要详细叙述其部门的目标和产出情况，进一步完善政府部门的公共财政责任管理力度，健全以结果为导向的政府部门绩效预算管理机制。

（2）澳大利亚财政支出绩效管理的经验启示。澳大利亚的政府财政支出绩效管理体系是一个以目标和产出为核心的系统，旨在提高政府服务效率和财政资金使用效果。该体系包括以下几个关键步骤：首先，政府内阁、财政部和各政府部门共同审议，制定中长期公共事业发展目标和绩效规划，这是预算编制的基础，也是年度绩效计划的指导。其次，各部门根据这些目标和规划，制订具体的年度绩效计划，明确所需的资源、绩效目标与事业发展目标的关系，以及内部管理目标和影响因素等。

在绩效考核阶段，澳大利亚政府注重目标、成本、产出和成果的综合考量。对于部门支出，重点评估成本和产出；对于政府项目支出，则更关注项目成本和最终成果。为了实现这一点，政府设计了一套指标体系，既反映部门事业发展的有效性，也体现政府部门提供的公共产品和服务的数量、价格和质量。

每年结束时，各部门编制财政支出绩效评价报告，详细对比计划绩效指标与实际执行情况，分析绩效目标的实现程度，对未达标目标进行说明并提出补救措施。澳大利亚议会和财政部则负责评价工作的开展，涵盖绩效目标的完成情况、资源匹配度、支出合理性、绩效信息可信度以及评价方法的科学性等多个方面。财政部审核各部门提交的报告后，提交议会审议，最终将绩效考评结果反馈给各部门，作为下一财政年度战略目标和预算安排的重要参考。

此外，澳大利亚政府在财政支出绩效管理改革过程中，深刻认识到权责发生制政府会计核算体制的重要性。自 20 世纪 90 年代起，政府开始积极探索权责发生制在政府会计管理和财务报告中的应用。经过多年的实践和完善，澳大利亚政府成功构建了以权责发生制为基础的政府会计体系，该体系不仅充分披露了政府部门提供的所有公共产品和服务的成本，还详细展示了其资源利用情况。

总的来说，澳大利亚的政府财政支出绩效管理体系是一个全面而严谨的系统，它以目标和产出为核心，强调绩效信息的有效管理和公开透明，有助于提高政府服务效率和财政资金使用效果，同时也推动了政府管理的现代化和透明化。

第二节　我国预算绩效管理制度的梳理

一、我国预算绩效管理的发展历程

我国预算绩效管理的发展历程参见图 4-1。

图 4-1　我国预算绩效管理的发展历程

2003 年党的十六届三中全会明确提出“建立预算绩效评价体系”后，中央和地方财政开始探索预算项目事后绩效评价，预算绩效管理理念逐步树立，预算绩效管理改革破冰前行。党的十八大明确提出“创新行政管理方式，提高政府公信力和执行力，推进政府绩效管理”。党的十八届三中全会进一步要求，改进预算管理制度，建立现代财政制度。

按照党中央、国务院决策部署，2012 年以来，我国预算绩效管理制度体系加快建立，预算绩效管理改革正式拉开序幕。2014 年《国务院关于深化预算管理制度改革的决定》对健全预算绩效管理机制提出明确要求。财政部研究制定《预算绩效管理工作规划（2012—2015 年）》，推动绩效管理从事后绩效评价向事前绩效目标管理拓展，逐年扩大中央部门项目绩效目标和绩效评价试点范围，建立预算绩效评价共性指标体系框架，推进预算绩效管理规范化。

2015 年实施的新预算法对预算绩效管理提出明确要求，将“讲求绩效”作为各级预算的基本原则，对绩效目标和绩效评价作出明确规定，要求建立中央对地方转移支付评估退出机制，强调各级人大加强预算绩效审查监督。为落实预算法要求，财政部加快完善预算绩效管理制度体系，中央部门绩效目标管理、中央对地方专项转移支付绩效目标管理制度相继出台，《预算绩效管理工作考核办法》修订实施，我国预算绩效管理改革驶入快车道。

2016 年中央财政全面推动全过程预算绩效管理各项措施扎实落地，我国预算绩效改革取得重大突破。一是绩效目标基本实现全覆盖。第一次实现了绩效目标随同预算“同步上报、同步审核、同步批复”。二是绩效监控和绩效自评迅速推开。按照“先试点、后推开”的思路，自 2016 年起财政部组织中央部门对所有项目支出开展绩效执行监控和年终绩效自评，贯通了预算绩效管理全过程，形成了预算项目执行情况的“成绩单”和“体检表”。三是重点绩效评价形成常态化机制。自 2016 年起财政部每年选择贯彻落实党中央、国务院重大方针政策和决策部署，覆盖面广、影响力大、社会关注度高、实施期长的重大政策和项目，由财政部预算评审中心和财政部各地监管局组织第三方机构和专家开展重点绩效评价，评价结果作为改进管理、完善政策和安排以后年度预算的重要依据。四是绩效信息公开取得历史性突破。2016 年首次将部分重点项目绩效评价报告向人大报告、向社会公开，69 个中央部门在决算中首次公开预算绩效管理工作情况；2017 年中央财政首次公开项目绩效目标和绩效自评结果，受到社会公众的广泛关注和认可。

在中央财政的带动下，大部分地方特别是省级财政前移绩效管理关口，积极推动全过程预算绩效管理改革，加快设置预算绩效目标、开展绩效运行监控和绩效自评试点，公开绩效信息，绩效改革进程加速推进。

党的十九大明确提出“建立全面规范透明、标准科学、约束有力的预算制度，全面实施绩效管理”，标志着我国预算绩效管理上升为国家战略。2018 年印发《中共中央国务院关于全面实施预算绩效管理的意见》（以下简称《意见》），对我国预算绩效管理改革具有里程碑意义。《中华人民共和国国民经济和社会发展第十四个五年规划和 2035 年远景目标纲要》对深化预算绩效管理改革进一步作出明确部署，推进财政支出标准化，强化预算约束和绩效管理；加快转变政府职能，健全重大政策事前评估和事后评价制度。

《意见》是党中央、国务院关于预算绩效管理的纲领性文件，是新时期预算绩效管理工作的根本遵循，标志着我国历经十几年探索和推动，正式确立“更加注重结果导向、强调成本效益、硬化责任约束”的预算绩效管理模式。《意见》围绕“全面”和“绩效”两个关键点，从“全方位、全过程、全覆盖”三个维度对全面实施预算绩效管理进行统筹谋划和顶层设计，即构建全方位预算绩效管理格局、建立全过程预算绩效管理链条、完善全覆盖预算绩效管理体系。随着《意见》的深入贯彻落实，我国预算绩效管理制度体系持续完善。2018 年以来，《关于推进政府购买服务第三方绩效评价工作的指导意见》《扶贫项目资金绩效管理办法》《中央部门预算绩效运行监控管理暂行办法》《政府和社会资本合作（PPP）项目绩效管理操作指引》《项目支出绩效评价管理办法》《地方政府专项债券项目资金绩效管理办法》《中央部门项目支出核心绩效目标和指标设置及取值指引（试行）》《社会保险基金预算绩效管理办法》等相继出台，重点领域和重点环节绩效管理有章可循，绩效管理专业化水平大幅提升。围绕加快建成“全方位、全过程、全覆盖”预算绩效管理体系，财政部组织中央部门和地方财政着力深化预算绩效管理改革，绩效管理的广度和深度不断拓展，“政府花钱、讲求绩效”的理念深入人心，“花钱必问效、无效必问责”的绩效管理机制初步建立。

从中央层面看，以项目支出为主的全过程绩效管理体系不断完善，中央部门实现本级项目、中央与地方共同财政事权转移支付和专项转移支付绩效管理全覆盖，绩效运行监控和绩效自评质量稳步提升，重点绩效评价和整体支出绩效管理试点范围不断扩大，绩效结果与预算安排、政策调整、改进管理的挂钩机制逐步完善，绩效信息向人大报告、向社会公开的机制不断健全。

从地方层面看，各省市区将全面实施预算绩效管理作为财政工作的重点，配备专门绩效管理机构和人员力量，完善绩效管理制度和指标体系，省级财政部门积极督导市县两级全面落实预算绩效管理改革任务，绩效信息公开范围逐年扩大。28 个有扶贫任务的省（区）实现市县层面扶贫项目资金绩效管理全覆盖，为确保 2020 年实现打赢脱贫攻坚战的战略目标提供了重要支撑。北京市实施全成本预算绩效管理，广东、福建、湖北等省绩效指标和标准体系逐步健全，湖南、四川等省建立了财政部门与同级人大、审计机关绩效管理联动机制，云南、山西、广西、贵州等省（区）的第三方绩效评价不断创新、绩效结果应用越来越广泛，预算绩效管理进入提质增效的新阶段。

2022 年，全方位、全过程、全覆盖的预算绩效管理体系基本建立。党的二十大报告中明确提出要“健全现代预算制度”，且党的二十大对我国经济治理体系、财政体制改革、科教兴国等各发展领域提出的新要求，均融合了“提升发展效能、注重资源配置”的高质量发展理念，预算绩效管理与其内涵一致、一脉相承。

二、我国预算绩效管理政策梳理

1.《中华人民共和国预算法》

《中华人民共和国预算法》是中国的核心经济法律之一，规定了预算的制定、审批、执行、调整和监督的全过程。

（1）强调了预算的统一性，要求各级政府应当按照规定将财政收入纳入统一的预算，并按照规定的程序进行预算的审批、调整和监督。

（2）加强了预算公开透明的要求，规定各级政府应当及时向社会公开预算、预算执行情况和决算等信息，并明确了公开的范围和方式。

（3）引入了预算绩效管理的概念，要求各级政府在预算编制和执行过程中注重绩效管理，提高财政资金的使用效益。

（4）加大了预算监督的力度，规定了各级人大对预算的审批和监督职责，并要求各级政府建立健全内部监督机制。

（5）对地方政府债务管理作出了更为严格的规定，要求地方政府建立健全债务管理制度，并对其债务规模和风险进行严格控制。

2.《预算法实施条例》（2020 年修订）

《预算法实施条例》（2020 年修订）是继预算法之后，对预算管理职权、预算收支范围等预算管理活动进行了细化和明确，是预算管理的重要法规。

（1）明确预算草案编制和审批的相关要求，进一步规范预算草案的编制和审批程序。

（2）细化了预算调整的相关规定，明确预算调整的具体情形和程序。

（3）对政府支出预算的安排和使用作出了更为明确的规定，提高了政府支出的透明度和规范性。

（4）对财政转移支付制度进行了完善，明确了转移支付的具体情形和程序。

《预算法实施条例》（2020 年修订）对预算管理活动进行了更为全面和细致的规定，有助于提高预算管理的规范性和透明度，促进经济的可持续发展。

3.《关于推进预算绩效管理的指导意见》

《关于推进预算绩效管理的指导意见》是由财政部于 2011 年 7 月 5 日以财预〔2011〕416 号印发的文件。该《意见》主要分四部分。

（1）充分认识推进预算绩效管理的重要性。

（2）推进预算绩效管理的指导思想和基本原则。

（3）推进预算绩效管理的主要内容。

（4）推进预算绩效管理的工作要求。

4.《中共中央、国务院关于全面实施预算绩效管理的意见》

《中共中央、国务院关于全面实施预算绩效管理的意见》是为解决当前预算绩效管理存在的突出问题，加快建成全方位、全过程、全覆盖的预算绩效管理体系提出的意见。由中共中央、国务院于 2018 年 9 月 1 日印发并实施。该意见的主要内容包括：

（1）全面实施预算绩效管理的必要性。全面实施预算绩效管理是推进国家治理体系和治理能力现代化的内在要求，是深化财税体制改革、建立现代财政制度的重要内容，是优化财政资源配置、提升公共服务质量的关键举措。

（2）全面实施预算绩效管理的总体要求。要牢固树立绩效理念，将绩效管理覆盖所有财政资金，贯穿预算编制、执行全过程，做到花钱必问效、无效必问责。

（3）建立健全预算绩效管理制度框架。构建“1+N+X”预算绩效管理制度体系，制定1个基础性、指导性文件，完善N项以绩效为核心的制度办法，建立健全X项具体可操作的实施细则。

（4）着力健全预算绩效管理运行机制。健全事前绩效评估机制，强化事中绩效监控机制，完善事后绩效评价机制，加强绩效评价结果应用机制。

（5）切实加强预算绩效管理监督约束。健全预算绩效管理考核制度，加强预算绩效管理宣传培训工作。

5. 财政部关于贯彻落实《中共中央、国务院关于全面实施预算绩效管理的意见》的通知

该通知的目的是，深入实施《意见》，加快建设全方位、全过程、全覆盖的预算绩效管理体系，提高财政资源配置效率和使用效益，增强政府公信力和执行力。通知强调了全面实施预算绩效管理的重要性，阐述它是推进国家治理体系和治理能力现代化的要求，是深化财税体制改革、建立现代财政制度的重要内容，是优化财政资源配置、提升公共服务质量的关键举措，也是推动党中央、国务院重大方针政策落地见效的重要保障。通知要求各地区各部门要切实把思想认识行动统一到党中央、国务院决策部署上来，深刻理解《意见》的精神实质，准确把握核心内涵，进一步增强责任感和紧迫感，把深入贯彻落实《意见》要求、全面实施预算绩效管理作为当前和今后一段时期财政预算工作的重点，真抓实干、常抓不懈，确保全面实施预算绩效管理各项改革任务落到实处，不断提高财政资源配置效率和使用效益。

6.《教育部关于全面实施预算绩效管理的意见》

《教育部关于全面实施预算绩效管理的意见》是一份重要的政策文件，旨在推进教育部所属高等学校和直属单位以及部内司局部门预算资金和中央对地方教育转移支付资金的绩效管理，优化教育资源配置，提高教育经

费使用效益。文件强调了全面实施预算绩效管理的重要性，认为这是推进国家治理体系和治理能力现代化的内在要求，是深化财税体制改革、建立现代财政制度的重要内容，是优化教育资源配置、提升教育公共服务质量、构建服务全民终身学习教育体系、推动加快实现教育现代化的重要举措。

此外，文件还指出了当前预算绩效管理中存在的一些问题，如绩效管理意识有待进一步加强，绩效管理的广度和深度有待进一步拓展，绩效评价结果的应用不充分，激励约束机制有待进一步完善，绩效管理未能充分体现教育行业规律和经费使用特点等。为了解决这些问题，文件提出了一些具体的措施和要求，包括加强绩效管理意识，拓展绩效管理的广度和深度，充分应用绩效评价结果，完善激励约束机制，体现教育行业规律和经费使用特点等。

7.《中央部门预算绩效目标管理办法》

《中央部门预算绩效目标管理办法》是为了进一步加强预算绩效管理，提高中央部门预算绩效目标管理的科学性、规范性和有效性而制定的办法。该办法明确了绩效目标的设定、审核、下达、调整和考核等环节的管理流程和要求，并强调了绩效目标在预算编制、执行和监督中的重要性和作用。该办法的制定和实施有助于推动中央部门加强预算绩效管理，提高财政资金的使用效益和管理水平。

8.《中央部门项目支出核心绩效目标和指标设置指引（试行）》

《中央部门项目支出核心绩效目标和指标设置指引（试行）》旨在明确项目支出绩效目标的具体设置方法和工作程序，以提高项目支出的管理效率和资金效益。绩效目标是预算绩效管理的基础和起点，而绩效指标则是衡量绩效目标实现程度的工具。该指引从绩效目标的设定、分解、审核和下达等环节进行了规范，以确保项目支出的目标明确、合理可行。同时，该指引还对绩效指标的分类、设置原则和具体内容进行了规定，以便对项目支出的进度、质量、效果等方面进行科学评估和监测。在实际操作中，各部门可以根据本部门的实际情况和业务特点，参考该指引制定符合本部门需求的绩效目标和指标体系，以提升项目支出的效益和管理水平。同时，该指引的试行也将为未来全面实施预算绩效管理打下坚实基础。

9.《中央部门预算绩效运行监控管理暂行办法》

《中央部门预算绩效运行监控管理暂行办法》是为了加强中央部门预算绩效管理，提高预算执行效率和资金使用效益而制定的办法。该办法对绩效监控的主体、范围、原则、程序、方法以及结果应用等方面进行了规定。该办法明确，中央部门是实施预算绩效监控的主体，主要职责包括牵头负责组织部门本级开展预算绩效监控工作，对所属单位的绩效监控情况进行指导和监督，明确工作要求，加强绩效监控结果应用等。同时，该办法还要求各部门按照“谁支出，谁负责”的原则，对绩效监控信息进行收集、审核、分析、汇总、填报，并分析偏离绩效目标的原因，及时采取纠偏措施。该办法的制定和实施有助于推动中央部门加强预算绩效监控管理，提高财政资金的使用效益和管理水平。同时，该办法也为未来全面实施预算绩效管理奠定了基础。

10.《预算绩效评价共性指标体系框架》

《预算绩效评价共性指标体系框架》是一份旨在规范和指导预算绩效评价工作的文件。该框架构建了一套共性指标体系，用于对预算执行情况和资金使用效果进行客观、公正的评价。该框架按照“投入—过程—产出—效果”的逻辑顺序，设计了三个层次的指标体系。其中，一级指标包括投入、过程、产出、效果四类，二级指标包括资金投入、资源配置、资金管理、运行状况、经济效益、社会效益、生态效益、可持续影响等八类，三级指标则是根据不同领域和行业的特点细化的具体指标。该框架还明确了对各级财政部门和预算部门开展绩效评价工作的要求。各级财政部门和预算部门应结合实际情况，灵活选取最能体现绩效评价对象特征的共性指标，并针对具体绩效评价对象的特点，另行设计具体的个性绩效评价指标。同时，赋予各类评价指标科学合理的权重分值，明确具体的评价标准，从而形成完善的绩效评价指标体系。该框架的制定和实施有助于提高预算绩效评价工作的规范性和权威性，推动预算绩效管理工作的全面开展。同时，也有助于提高财政资金的使用效益和管理水平，为政府的决策提供科学依据。

11.《财政支出（项目支出）绩效评价操作指引（试行）》

《财政支出（项目支出）绩效评价操作指引（试行）》是为规范评估机构执行财政支出（项目支出）绩效评价业务，根据《中华人民共和国预算法》《财政支出绩效评价管理暂行办法》(财预〔2011〕285 号)、《关于推进预算绩效管理的指导意见》(财预〔2011〕416 号)等相关法律法规而制定的指引。指引中明确，财政支出（项目支出）绩效评价是指评估机构接受财政部门、预算部门（单位）委托，根据设定的绩效目标，运用科学、合理的绩效评价指标、评价标准和评价方法，对财政支出（项目支出）的经济性、效率性和效益性进行客观、公正的评价。预算部门（单位）是指与财政部门有预算缴拨款关系的国家机关、政党组织、事业单位、社会团体和其他独立核算的法人组织。此外，指引还要求各地方协会将该指引及时转发评估机构，组织评估机构学习和培训，并将执行过程中发现的问题及时上报中国资产评估协会。同时，指引还强调了评估机构在执行财政支出（项目支出）绩效评价业务时应遵循的规范和要求，以确保评价结果的客观、公正和准确。

12.《项目支出绩效评价管理办法》

《项目支出绩效评价管理办法》是财政部门对使用财政资金的项目的绩效进行评价的制度性文件。该办法的目的是提高财政资金的使用效益和管理水平，确保资金使用的安全、规范和有效。该办法对项目支出的绩效评价进行了全面、系统的规定。首先，该办法明确了绩效评价的主体和客体，即财政部门和预算部门（单位）是绩效评价的主体，而绩效评价的客体则是具体的项目支出。其次，该办法规定了绩效评价的原则和方法，即绩效评价应遵循科学、公正、客观、规范的原则，采用定量与定性分析相结合的方法进行。此外，该办法还明确了绩效评价的标准和程序，即根据设定的绩效目标，运用科学、合理的绩效评价指标、评价标准和评价方法，对项目支出的经济性、效率性和效益性进行客观、公正的评价。在实际操作中，该办法要求预算部门（单位）在项目支出执行过程中进行自评，并按照规定将相关资料报送财政部门。财政部门则根据需要进行重点评价或再评价，并形成评价报告。评价结果将作为以后年度预算安排的重要参考依据。

13.《关于委托第三方机构参与预算绩效管理的指导意见》

《关于委托第三方机构参与预算绩效管理的指导意见》旨在明确委托第三方机构参与预算绩效管理的原则、要求和规范。该指导意见要求委托方与第三方机构、相关预算绩效管理对象的权利和责任要明确，严格执行利益冲突回避制度，确保委托主体与预算绩效管理对象相分离。同时，要充分发挥第三方机构在预算绩效管理中的作用，选取专业能力突出、资质优良的第三方机构参与绩效管理工作，并确保其工作独立性、专业性。此外，该指导意见还强调了委托方应建立第三方机构的执业质量管理制度，并加强对第三方机构的培训和业务指导，以提高其工作质量和水平。

14.《财政部关于推进政府购买服务第三方绩效评价工作的指导意见》

《财政部关于推进政府购买服务第三方绩效评价工作的指导意见》是为了贯彻落实党中央、国务院的决策部署，提高政府购买服务质量，规范政府购买服务行为，而提出的指导性意见。该指导意见提出了推进政府购买服务第三方绩效评价工作的基本原则，包括坚持问题导向、分类实施、统筹协调和公开透明。针对当前政府购买服务存在的问题，准确把握公共服务需求，创新财政支持方式，加快转变政府职能，将第三方绩效评价作为推动政府购买服务改革的重要措施。同时，结合开展政府购买服务指导性目录编制工作，进一步研究细化项目分类，探索创新评价路径。此外，按照全面实施绩效管理和推广政府购买服务的要求，加强政府购买服务第三方绩效评价与事业单位分类改革、行业协会商会脱钩改革等之间的衔接，形成合力。并且，要充分考虑各地区、领域和部门的实际情况，提高评价实效。最后，要遵循公开、公平、公正原则，鼓励竞争择优，注重规范操作，确保评价结果客观、公正、可信。

15. 财政部关于印发《第三方机构预算绩效评价业务监督管理暂行办法》的通知

该通知是为了引导和规范第三方机构从事预算绩效评价业务，严格第三方机构执业质量监督管理，促进提高财政资源配置效率和使用效益。

第五章　高校预算绩效管理要素分析

第一节　世界一流大学预算绩效管理的要素分析

大学通过对知识的收集、发展、整理、传播来达到办学的目的，具有教学、科学研究和社会服务三大关键要素，是为了社会的发展培养不同领域的专门人才的社会机构。为了创立一流大学，就要拥有一流的人才、一流的研究成果、一流的研究机构，从而高水平地为社会服务。其中，教学是大学的基本职能；科学研究是大学的重要社会职能；以各种形式直接为社会服务是现代大学新的社会职能。

一、教学要素

1. 教学要素的表现

在教学方面，世界一流大学非常注重生源质量、办学理念、培养方式和教学环境。挑选生源时，一流大学除了要求学生的成绩好以外，还把学生的各方面能力与潜能、各种学术与非学术的兴趣、特殊技能与天资、经验、抱负和背景等因素列入考察范围。根据各校网站的信息，哈佛、普林斯顿等一流大学申请者的录取率一般只有10%~15%。许多学校还大量吸引外国的优秀学生人才，以便培养更多优秀的学生。在哥伦比亚大学、麻省理工学院、牛津大学等一流大学里，20%以上的学生是来自100多个国家及地区的优秀留学生。

针对从世界各地招收来的优秀大学生，世界一流大学会根据学生的特点制定先进的培养方式。特色的办学理念成为世界一流大学的办学特色，在其办学的整个过程中处处彰显着独到的办学理念，直接影响着人才培养的质量和科研转化能力。具有悠久教学历史的哈佛大学秉承“崇真求是”的办学理念，并以严谨的教学风格长期处于世界一流大学的位置。斯坦福大学的办学基石为“功用、人性、公民”，依靠纯粹的技术教育和人文教育的相互结合，使斯坦福大学处于世界一流大学领先的位置。以“服务国家、服务世界”为宗旨的普林斯顿大学，让学校崇尚科学，为学校赢得科学自由，使学校走向一流，并长盛不衰，为世界培养出众多的高精尖人才。

只有自由的学术氛围才会营造出和谐、自由、合作、宽松的教学环境，导师可以对学生进行个别辅导，循循善诱，言传身教，德智并重，也能在任何环境中进行学习交流，这样有利于导师和学生之间的沟通，产生深厚的师生情。牛津大学、剑桥大学、哈佛大学、普林斯顿大学、耶鲁大学等都有着自由的培养方式，这在很大程度上激发了学生学习的积极性和主动性，改变了其他学校只有在课堂才能进行沟通、学习的束缚，给学生提供更多的学习机会，对人才的培养、科研成果的生成、学术大师的形成产生了有利的影响。

2. 教学要素的作用

以纽曼的观点，“大学的宗旨在于提高社会的知识水准，发展一般思想，澄清人的辨别能力，对民众的奋勉给予正确的规范和指导，对民众的愿望给予确定的标的，扩充及调节时代观念，促进政治权力的运用，并使私人生活的交往臻于美化”。

人才培养的质量是衡量世界一流大学办学水平的重要标准。高水平、高层次、高素质的人才从世界一流大学中不断地输出，并在世界范围内享有很高的知名度。它们培养出一大批高水平的专家学者，并把人才培养的质量，特别是毕业生的社会知名度以及社会贡献，当作办学水平的主要衡量标准之一。

3. 教学要素的作用机理

大学的发展伴随着社会的发展，两者是相辅相成的，通过培养出的人才水平的不断提升来达到两者皆然的效果。人是社会发展的主体，通过主观能动性来影响社会的发展，大学通过教学这个要素来锻炼人才的主观能动性，提高其工作劳动的水平，进而使社会更加先进。因此，人才培养功能是大学的本体功能，是大学活动的中心。大学是探索真理、发明创造的摇篮，这里充满着对知识的探索欲。大学教育的对象是学生，因而大学工作的出发点和归宿就是将学生培养成富有主体精神与创新能力的人，培养社会发展所需要的高级专门人才，最大限度地促进学生的全面发展，这也是大学的本质之所在。从大学功能产生和发展的角度看，培养人才是大学固有的功能，科学研究、社会服务、文化传承与创新、国际影响力等是大学的衍生功能。由于人是大学的主体，因此衍生功能从属于本体功能，它们的存在最终都是为人的完善和发展服务，为人才培养创造条件。通过人才培养功能的充分发挥，促进大学的发展和社会的发展，进而实现人的完善与发展。

韩愈说："师者，所以传道授业解惑也。"一语道破了教师的作用。教学是教师工作的中心，是科学研究和社会服务的基础。就现代社会而论，"每一个较大规模的现代社会，无论它的政治、经济或宗教制度是什么类型的，都需要建立一个机构来传递深奥的知识，分析、批判现存的知识，并探索新的学问领域。换言之，凡是需要人们进行理智分析、鉴别、阐述或关注的地方，那里就会有大学。"

二、科学研究要素

1. 科学研究要素的表现

在欧洲，柏林大学因奠定了现代大学的核心理念，即"学术自由"和"教学与学术研究相统一"，而被称为"现代大学之母"。柏林大学开创的德意志理念不仅影响着德国，对全世界的大学也产生着深远的影响。柏林大学的诞生，不仅仅是创立了一所大学，它的重要之处在于创造出了一个新的教学教育理念，这就是著名的"洪堡五原则"。

（1）科学是某种还没有完全得出结论的东西，或者是还没有被完全发现、没有完全找到的东西。对科学的掌握取决于对真理和知识的永无止境的探索，取决于研究性、创造性以及自我行动原则上的不断反思。

（2）科学是一个整体，每个专业和学科都是从不同角度对生活现实的反思，对世界的反思，对人行为准则的反思。唯有通过研究、综合与反思，科学才能与手工业区别开来。

(3) 科学首先有它自身的目的，而实用性的重要意义则仅仅是第二位的。当然，对真理进行的这种目标自由式的探求，恰恰能导致可能是最重要的实用性知识，并能服务于社会。

(4) 科学是与大学联系在一起的，唯有通过学术研究、科学交流以及对整体世界的反思，才能培养出最优秀的人才。大学生要学的不是材料本身，而是对材料的理解。唯其如此，才能形成独立的判断力以及个性。

(5) 大学的生存条件是宁静与自由。国家必须保护科学的自由，在科学中永无权威可言。

“洪堡五原则”主要强调的是学术自由，这种放松式的理念给柏林大学的发展奠定了辉煌的基础，也使学术自由成为现代大学的理念。另外，提出了“学术研究与教学相统一”的原则，开启了现代大学科学研究职能的先河。

今天，科学研究与教学相结合无疑仍是培养人才的一个重要方法，但解决社会问题、满足社会需要更是科学研究作为大学重要职能的理念所需。基础研究虽然还是大学科学研究的主要方向，但应用研究与开发研究也逐渐占有了一定的地位。

2. 科学研究要素的作用

世界一流大学在创造新观点、新知识和新成果的同时，也推动了科技成果的转化，发挥其应有的生产力。自由、合作的科研氛围，高质量的研究团队，丰厚的科研经费和广泛的国际沟通，为科学研究创造了条件，孵化出众多的科研成果。因此，世界一流大学具有国际前沿水平的科学理论，拥有国际领先的原创性科研成果，创立产、学、研相结合的科技发展基地，能够很好地将知识与技术转化为推动社会生产力发展的力量。

世界一流大学为世界培养出了众多的诺贝尔奖获得者，他们的成果都是最原始的创新，在一定程度上也提升了学校的声誉，加快了学校的发展和建设，促进了科技的创新和进步。另外，大学发展科学研究的理念与职能尤以美国的研究型大学为代表。1876 年按德国模式建立的约翰·霍普金斯大学一成立就宣布实施研究生教育是它最重要的使命，它是美国历史上第一个以研究院为主的大学。第二次世界大战中研究型大学在以原子弹和雷达研制为代表的国防科研中作出了重大贡献，也使研究型大学成为战后美国科学研究体系中一个重要的组成部分。

3. 科学研究要素的作用机理

科学研究需要人学到专业知识，加上研究来形成最终的成果，两者只有保持相互联系、相互促进、相互融合才能发挥合力作用，如果处理不当，就会反其道而行之。大学搞科学研究要有探索性和创造性的精神，是为了创造教书育人的平台，能在实践和研究中取得突破性的进展。离开实践，就脱离了科学研究的初衷，就不会体现其价值。因此，大学的科学研究功能与人才培养功能是密不可分的。现代大学是知识创新的主力军，积极开展科学研究，取得原创性、突破性科研成果，方可为人才培养提供理论指导和技术支持。

现代社会无论是人文科学、自然科学，还是社会科学，都在日新月异地发展着。为了使科学研究跟得上时代的发展，大学的教育工作者需要全身心地投入到科学研究中去，创造性地为科学研究创造良好的前提条件，保证培养出的人才和产出的科研结果符合时代的需要，保证培养人才的质量。现代大学在传递已有知识的同时，也肩负着创造知识的重任，要将知识与创新完美地融合，这就要求大学教师兼顾教学与科学研究。大学教师不仅要对学生的自主学习进行一定程度的引导，即引导学生开拓性地进行发明创造，还要在加强自身科学研究能力的同时，增强自身的教学能力，让学生也受益，为培养具有创新能力的大学生作出贡献。大学教师要将之前的科研成果与学生进行分享，传授其在研究过程中的经验教训，特别是对那些初入校门的大学生，一定要为他们打下坚实的科学研究基础。这就要求现在的教师要有真才实干，要有实际的研究成果，才能肩负起创新研究和培养新时代的大学生的重担。科学研究的大力开展在一定程度上也会支撑学校办学条件的提高，如新型的实验室设备、丰富的图书馆资料、高质量的教学条件和新的实验项目等，为人才培养创造更有利的环境。现代大学让一部分教师进行教学，另一部分教师参加科学研究，实际上是引进了一种竞争机制，使得高校教师全身心地投入主要的工作领域，搞教学的就全身心地投入教学工作，搞科研的就多出科研成果。人才培养需要科学研究为教学提供支持，没有科学研究支持的教学是培养不出杰出人才的。

三、社会服务要素

1. 社会服务要素的表现

20 世纪初，社会服务职能也还仅仅是美国州立大学的一个办学特色。20 世纪 50 年代，斯坦福大学副校长特尔曼根据“研究工作与以科学为基础的工业相结合，学术研究与工商业相结合”的思想，在斯坦福大学建立了斯坦福工业园，即今天著名的“硅谷”，开启了大学与企业结合的先河，成为大学具备社会职能的标志。

硅谷的创办搭起了大学与社会联系的桥梁，也使得人们渐渐地认识到大学在国家的科学事业、社会的发展和人类的进步中起到的重要作用。大学应发挥其潜力，在教学和科学研究外肩负起为社会服务的重担，针对不同的区域发展情况，制定不同的社会服务战略，使社会服务成为大学的主要功能之一。

美国的剑桥科学园、麻省理工学院“128 号公路科学开发区”，英国的沃里克大学科学园等在大学的不断发展和时代的社会需求中应运而生，取得了产学研的巨大收获，达到了“双赢”的目的。这是一种值得提倡的社会服务形式，让大学生在毕业以前进入社会，利用其学到的专业知识为企业服务，一方面为企业的生产发展与经济效益的提高发挥直接的作用；另一方面也增添了大学生的实践经验，使得他们在以后的学习中能将自己所学的知识与实践相结合，真正做到学以致用。

2. 社会服务要素的作用

美国的大学在履行社会服务职能时已经与企业、政府或者社会的相关部门、社区等之间形成了合作伙伴关系。学校在开展社会服务时，针对主要的需求提供专业的服务项目，企业、社区、政府的相关部门也相应地为学校提供政策、资金、技术等方面的支持，形成一个“互利共赢”的双向化过程，也是社会发展的必然趋势。

大学通过教学和科研成果，借助社会服务，给政府带来巨大的经济和社会效益，为以后发展的政策提供有利参考，帮助政府解决目前的和将来的社会问题。在企业方面，大学将雄厚的师资力量与一流的科研实力相结合，针对企业所急需解决的问题进行研究，运用专业性的研究成果来提高企业的竞争力和经济实力。同时，在基层服务方面，大学生根据学到的知识给社区群众提供了许多帮助，通过支教为偏远的教育水平比较落后的地区提供教学上的帮助。在这个社会服务的过程中，学校师生把所学的书本知识应用到生活实践，把科学研究转变成经济效益，也使社会取得了大的收益。

社会服务的职能在美国大学的确立以及发展逐渐被世界各个国家接受和认同，拓展了大学功能和内涵。随着大学社会服务职能的确立，教学方式的改变为工农业生产带来了很大发展，美国传统形式的课程内容和教学方法发生了极大的改变，由此美国在高等教育层面的改革也得到了深化和推进。

3. 社会服务要素的作用机理

20世纪以来，社会的快速发展对大学提出了新的要求，在政治、经济、文化的迅猛发展下，大学不仅要把教学和科学研究做得更好，而且要扩展功能，走出之前“象牙塔”式的大学定位，要将社会服务功能提到新的高度，要满足社会发展的要求。威斯康星大学最先提出的大学要以服务社会为己任并将其付诸实践，已取得巨大的成功。美国大学推出的社会服务功能在世界其他大学也得到了发展。从广义上说，大学的社会服务功能使得有需求的公民从接触到的社会服务中学到自己想要学到的东西，不仅解决了当前自身的问题，也获取了解决未来问题的能力。段江飞认为：“社会服务功能是大学在教学、科研活动之外，利用自身的知识资源，从事旨在推动其所处的社区、城市、国家乃至全世界的经济、科技、文化、价值观和社会全面发展的活动。”大学通过外部服务活动，将知识传播给公众，如应用研究、校外课程、为城市和乡村社区提供一系列咨询服务等。大学社会服务功能的产生，不仅是社会发展的客观要求，也符合大学自身发展的逻辑。

大学作为社会科学文化中心，对社会文化、科学技术、卫生保健等的发展起着举足轻重的作用，它具有对社会，特别是对当地的工农业生产和文化科学、卫生保健各方面工作进行指导或咨询的功能。以美国大学的发展为例，美国大学对社会各领域的服务使得美国大学得到了迅速的发展。在美国总统克林顿执政期间，由于美国大学社会服务对各个领域的贡献，美国的经济取得了长足的发展。“硅谷科学园”是美国大学与产业界密切合作的一个经典，它极大地带动了地方科技和经济的发展，

“硅谷”模式由此而闻名世界。资料记载，数千家高科技公司云集硅谷，全球 100 家最大的高科技公司中有 20 多家落户于此，且硅谷每年会吸引美国的风险投资，年创工业总产值达 2000 多亿美元。

第二节　我国高校预算绩效管理要素解析

2017 年，中共中央、国务院印发了《关于加强和改进新形势下高校思想政治工作的意见》（以下简称《意见》）。《意见》强调指出，高校肩负着人才培养、科学研究、社会服务、文化传承创新、国际交流合作的重要使命。加强和改进高校思想政治工作，事关办什么样的大学、怎样办大学的根本问题，事关党对高校的领导，事关中国特色社会主义事业后继有人，是一项重大的政治任务和战略工程。2018 年，由教育部、财政部、国家发展改革委制定的《关于高等学校加快“双一流”建设的指导意见》（教研〔2018〕5 号）指出，以立德树人成效作为根本标准，探索建立中国特色“双一流”建设的综合评价体系，以人才培养、创新能力、服务贡献和影响力为核心要素。人才培养、科学研究、社会服务、文化传承创新、国际交流合作是我国高校的五大职能。结合上述文件，可以从这五大职能入手研究我国预算绩效管理（见图 5-1）。

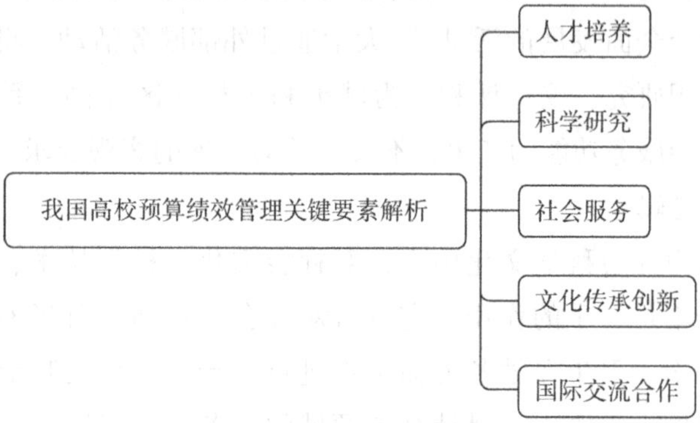

图 5-1　我国高校预算绩效管理关键要素解析

一、人才培养

《中华人民共和国高等教育法》明确规定：高等学校应当以培养人才为中心，开展教学、科学研究和社会服务，保证教育教学质量达到国家规定的标准。高校人才培养涉及了一组最主要关系，即师生关系。就教师与学生关系问题，洪堡有一段精彩的论述，他在担任普鲁士文化和教育部部长时的就职演说中提出：教师与学生的紧密关系是相互促进，共同增进知识，教师的工作离不开学生，学生要主动去追随老师；大学的职能不只是教学和传递知识，更要繁荣知识。

人才培养作为高等学校的根本任务，成为高校办学的中心和根本，是大学的本质属性，是大学的存在价值，人才培养水平也就成为衡量高校办学水平的根本标准。人才培养不仅关乎学生的个人成长和发展，也关乎国家的未来和社会的进步。在高校发展中，人才培养是重中之重。高校作为培养未来社会精英的摇篮，对于人才的培养和选拔起着决定性的作用。人才队伍是高校的核心资源之一，他们不仅具备学术造诣和教学经验，还能够为学生提供良好的学习环境和指导。这些人才的专业知识和教育理念对于学生的成长和发展起着至关重要的作用，因此，高校将人才队伍视为宝贵的财富，加强对人才的培养和管理，才能提高教学质量和学科竞争力。此外，高校高水平人才队伍是产出科技创新成果的动力源、培养造就拔尖创新人才的蓄水池，也是国家战略人才力量的重要组成部分。在实施科教兴国、人才强国战略中，高校人才队伍是生力军。高校应深刻认识人才引领发展的战略地位，深入贯彻新时代人才工作新理念，全面提高人才自主培养质量，切实提升教育服务国家重大战略的能力，以高质量教育支撑高质量发展。

从高校的发展历史来看，最初高校产生的主要目的是传授知识与培养人才，而且高校履行这一职责的历史十分悠久，直到现在，其首要职能依旧是传授知识和培养人才。人之所以能在物质和精神生产活动中通过展示自己的才能和智慧来创造丰富多彩的物质精神文化，正是因为高校组织多样而丰富的教学活动来培养和教育人，发展人的智慧和才能，使其形成独特的思想道德观念和审美能力去作用于社会。就像联合国教科文组织在《教育——财富蕴藏其中》（1996 年）中指出：当今教育的基本作用“似乎比任何时候都更在于保证人人享有他们为充分发挥自己才能和尽可能牢牢掌握自己的命运而需要的思想、判断、感情和想象方面的自由”。这种教育通过告诉人们世界是什么样的，从而培养有知识、讲客观、讲现实的人；这种教育还通过讲述世界为什么是这样的来培养有智慧、会思考的人；这种教育更通过讲述世界应该是什么样的，从而培养出有理想、有道德、勇于超越、勇于创造、不断进取的人。而提供这种教育正是站在时代前列的高校的责任。高校唯有不断坚持、深化和拓展这种教育才能达到其职能的最高境界——传授知识、培养人才。

二、科学研究

1. 科学研究是高校最重要的功能之一

科学研究水平是评价高校办学水平的一个重要指标。高校肩负着人才培养、科学研究、社会服务、文化传承创新、国际交流合作等重要使命，其中科学研究具有基础性作用。大学生通过参加高水平的科研实践，能够激发献身科学、勇于担当的社会责任感，不断提升创新精神和实践能力。高校教师面向国际学术前沿开展研究和教学，能够拓宽学术视野、提高教学水平，带领学生从事高水平科研，给予学生高质量的指导，培养高素质人才。在《统筹推进世界一流大学和一流学科建设总体方案》中，提升科学研究水平和着力推进成果转化被列为重要的建设任务。

2. 高校加强科学研究具备得天独厚的条件

高校在科学探索、学科交叉方面具有优势，科研实力和科技成果突出；集聚了人数众多的高水平科研工作者，他们既是教育者，又是科研工作者，承担着人才培养和科学研究两大基本任务，是建设世界科技强国的主力军。高校还牵头建设了一批国家科学研究重大基础设施，拥有国家重点实验室、国家工程中心等国家级的高水平研究基地，拥有先进的仪器设备，还拥有思维活跃的大学生、研究生群体，是科研创新和科技人才培养的沃土。不断向科学技术广度和深度进军，高校作为主阵地之一责任重大、使命在肩。

3. 始终坚持需求导向和问题导向

新时代高校要紧紧抓住科技创新这个关键变量，坚持需求导向和问题导向，从国家迫切需要和长远需求出发，加强重大基础前沿和战略领域的前瞻布局，部署和推进科研选题，完善重大项目组织模式，破解国家重要领域关键核心技术“卡脖子”问题。

4. 积极整合优化科研资源配置

针对全球新一轮科技革命和产业变革的新特点、新趋势，新时代高校要立足自身基础和办学特色，既推进基础研究和学科交叉融合，统筹设立前沿科学中心，探索新型研究型大学的发展之路，又探索学科之间、科学和技术之间、技术之间、自然科学和人文社会科学之间的交叉融合，推动跨高校、跨学科、跨领域、跨国界的协同创新，形成产学研协同攻关、协同创新的强大合力。

5. 依靠改革激发科研队伍活力

新时代高校要深化科技体制改革，整合优化科技资源配置，形成充满活力的科技管理和运行机制，赋予学院和科研机构更大的自主权，激发和释放高校科研队伍创新创造潜能，实现更多“从 0 到 1”的突破。此外，作为我国科技创新人才的摇篮，新时代高校还应加强面向国家重大需求的基础学科拔尖学生培养，引导学生厚植爱国情怀、强化使命担当，培养学生的创新意识和创新能力，激励学生树立“敢为天下先”的豪情壮志，在建设世界科技强国的进程中建功立业。

三、社会服务

1. 我国高等教育进入高质量发展阶段开启了全面社会服务的新时代

高校要清晰地认识到社会服务能力水平的高低是影响高校声誉、办学、发展的重要因素，高度重视社会服务能力水平的提升，把全面推进社会服务工作作为高校的重要职能使命。

2. 社会服务是国家、区域战略发展所需

党的十八大以来，随着创新驱动发展、乡村振兴等一批国家战略的出台，社会各界迫切希望高校能紧跟国家战略发展的步伐，不断拓展社会服务的形式，不断优化社会服务的质量，精准提供切合国家战略发展利益的社会服务。同时，伴随着京津冀协同发展、长三角一体化发展、粤港澳大湾区建设等一系列重大区域战略的深入实施，国家愈加重视区域发展的系统性、整体性、协同性，迫切需要高校的社会服务与区域发展紧密联系，以实现区域的综合发展、全面提升，从而持续发挥区域引领的作用。深度融合高等教育与社会经济建设发展进程，强化高校社会服务能力水平，将助力国家、区域战略跨上新台阶。

3. 社会服务是高校融入数字经济建设的关键载体

在数字经济迅速发展、普惠大众的背景下，高校通过社会服务融入数字经济建设是大势所趋。为解决我国数字经济发展过程中遇到的大而不强、快而不优等问题，国家相继出台了《网络强国战略实施纲要》《数字经济发展战略纲要》《“十四五”数字经济发展规划》等，推动数字经济发展。高校要牢牢抓住现阶段数字经济建设发展的重要窗口期，通过开展社会服务积极融入数字经济建设，推动虚实经济融合、助力核心技术攻关、加快新型基础建设。

四、文化传承创新

在文化传承发展座谈会上，习近平总书记从连续性、创新性、统一性、包容性、和平性等五个方面，深刻阐释了中华文明具有的突出特性。高校承担着文化传承创新的重要使命，要准确把握五个突出特性的深刻内涵和实践要求，充分发挥在传承传统文化、发展先进文化方面的独特优势，努力承担起“推动文化繁荣、建设文化强国、建设中华民族现代文明”这一新时代新的文化使命。

1. 立足中华文明突出的连续性，大学要做文明生生不息的继承者

中华文明是世界上唯一没有中断、绵延至今的古老文明，这一事实充分证明了中华文明具有的强大生命力和突出连续性。跨越历史长河，中华传统文化中关于人与人、人与自然、人与社会、人与国家、人与世界、人与宇宙的哲学思辨和价值审视博大精深、源远流长，蕴含着中华民族的精神基因。这些传统价值观念时至今日依然光彩熠熠，成为“中国之道”的强大根基和“中国之治”的深厚土壤。作为教育“塔尖”的大学，要把赓续中华文明的精神血脉作为重要使命，发扬光大优秀传统文化中蕴含的丰富哲学思想、人文精神和道德理念，将推进文化自信自强贯穿于立德树人始终，引导当代青年从源远流长的文明连续性中理解古代中国、理解现代中国、理解未来中国，做中华文明生生不息的继承者。

2. 立足中华文明突出的创新性，大学要做文化转化发展的引领者

所谓“学古不泥古，破法不悖法”。中华文明之所以绵延五千多年而

生生不息、历久弥新，根本上在于其始终保持着在传承中创新、在创新中发展的内在品质。面对创造“时代的新文化”和“建设中华民族现代文明”的使命，当代大学要在传统文化创造性转化、创新性发展中勇当擎旗手和主攻手，传承发扬中华民族守正不守旧、尊古不复古的进取精神和不惧新挑战、勇于接受新事物的无畏品格，构建富有中国特色、中国风格、中国气派的哲学社会科学，创作体现中国价值、中国精神、中国力量的文艺作品，培养坚守中华文化立场、传承中华文化基因的时代新人，在守正创新中推动中华文化实现新发展。

3. 立足中华文明突出的统一性，大学要做民族共同信念的践行者

中国人追求文化多样和民族多元基础上的“大一统”，国土不可分、国家不可乱、民族不可散、文明不可断的共同信念深入人心，这也是中华文明之所以成为世界上延续时间最长文明的根源所在。中华民族伟大复兴已进入了不可逆转的历史进程，当代大学生是中华民族伟大复兴进程的见证者和参与者，也是中国特色社会主义事业的生力军。大学要担负起为党育人、为国育才的重要使命和职责，把铸牢中华民族共同体意识融入育人全过程，引导青年学子树立正确的国家观、民族观、文化观、历史观，将国家统一永远是中国核心利益的核心、一个坚强统一的国家是各族人民的命运所系的共同信念融入内心、融入血脉，主动承担起实现祖国统一、民族复兴的历史大任。

4. 立足中华文明突出的包容性，大学要做文明交流互鉴的推动者

文明因多样而交流，因交流而互鉴，因互鉴而发展。大学应秉持对世界文明兼收并蓄的开放胸怀，以平等、开放、包容的姿态，积极融入国际学术创新体系，广泛开展人文艺术交流和教育合作，搭建合作平台、创新合作方式、拓展合作内容、深化合作成果，使大学成为中国与各国人民民心相通的桥梁。注重提升学生的国际视野，推动不同国家青年人的对话与交流，加强学术互访和文化互通，让各国青年在交流互动中增强互信理解，消除隔阂和误解，引导青年人正确看待大变局中的中国和世界。要致力于培养更多促进中外友谊的国际友好青年使者，引导他们深入感知中华文化，用自己的语言向世界传递中国声音，用自己的话语向世界讲述中国故事。

5. 立足中华文明突出的和平性，大学要做人类和平发展的守望者

人类命运共同体理念是习近平总书记基于人类历史发展经验和世界格

局发展大势提出的新型国际秩序观，其中蕴含着深厚的中华传统文化内涵。从“以和为贵”“和而不同”的文化主张，到“己所不欲，勿施于人”的忠恕之道，再到“国不以利为利，以义为利”的义利取舍，乃至“百姓昭明，协和万邦”的处世之学，“尚和合，求大同”始终是中华文化的最主流价值追求。这也从根本上决定了中国始终是世界和平的建设者、全球发展的贡献者、国际秩序的维护者。在百年未有之大变局加速演变的当下，高等教育要把培养国际新秩序的未来倡导者和领导者作为一项重要任务，引导学生牢固树立人类命运共同体的理念，以高远的视野、宽宏的胸襟、博大的情怀，筑建起为人类命运而忧戚，而奋斗的宏阔志向。

五、国际交流合作

《关于加强和改进新形势下高校思想政治工作的意见》指出：“高校肩负着人才培养、科学研究、社会服务、文化传承创新、国际交流合作的重要使命。”这是我国官方文件首次明确提出将“国际交流合作”视为高校的又一项新使命，反映出在经济全球化背景下对大学性质和使命的新认识，也反映出当代大学使命的不断拓展。

“国际交流合作”作为大学的新使命源于大学内在的国际性。大学从一产生就是具有国际性的机构。美国著名高等教育专家克拉克·科尔（Clark Kerr）曾经指出，大学按它们对促进普遍知识的承诺的性质而论，本质上是国际性的机构。早在古希腊时期，以学园为代表的高等教育机构便表现出国际性的特征，来自不同大陆的学者怀揣不同目标来到伯罗奔尼撒半岛“游学”与“开课”，知识的交汇与思维的碰撞共同创造了辉煌灿烂的古希腊文化的“黄金时代”。

在经济全球化时代，国际交流合作成为大学的一个重要使命，既是大学内在国际性的显现，也是对世界高等教育国际化发展趋势的反映和新时期我国高等教育对外开放工作的要求。从世界范围看，高等教育的国际化趋势日趋加强，高等教育领域的国际交流合作日趋频繁，这主要表现在师生的跨境流动、跨境联合办学、学位互认与学位联授互授、跨国合作研究、优质教育资源互补和国际教育援助等方面。我国教育对外开放工作进入了新的时期，党中央、国务院对做好新时期教育对外开放工作进行了重点部署，要求加强与大国、周边国家、发展中国家、多边组织的务实合作，充分发挥教育在“一带一路”倡议中的重要作用，形成重点推进、合作共赢的教育对外开放局面。正是在这样的背景下，我国正式提出了大学的第五使命——国际交流合作。这一新使命的提出，凸显了大学在国际交流合作中的地位和作用。高等教育在教育传承过去、造就现在、开创未来，推动人类文明进步方面的作用尤其明显。实践证明，大学自诞生之初就具有国际交流合作的功能并且受到大学制度的保护。大学组织具有跨越地理和社会界限的属性，并在大学组织的历史演进中不断发展和深化。一方面，知识的产生和传播是跨越国家边界的；另一方面，国际竞争是各国发展高等教育的外在动力。中国高校需要借鉴世界优秀大学的有益经验，解决自身发展的现实问题，办出中国特色世界一流大学。“双一流”建设的核心是对标世界，国际竞争与合作相辅相成，是中国高等教育发展进步的必由之路。

联合国教科文组织明确提出，国际交流合作不仅是世界学术界的共同目标，而且是确保高等教育机构的工作性质和效果所不可缺少的条件。大学在知识的发展、转让和分享方面发挥了重要作用，不同国家大学之间的国际合作能够为全面开发人类的潜力作出贡献。实际上，大学的国际交流合作不仅为大学的发展提供了广阔的空间和无穷的机遇，同时也能为国家发展和社会进步提供丰富的智力资源和有利的发展环境。因此，为了在充满竞争性和挑战性的经济全球化进程中占据有利地位，我们应顺势而行、谨慎应对，充分把握国际交流合作的历史时机和教育对外开放的国家战略，积极为国家和大学的发展赢得空间和资源。

为了充分发挥大学国际交流合作的使命和作用，我们应统筹国际和国内两个领域，协调校内和校外双重发展，以开放的心态面向世界。从大学自身来说，作为国际交流合作的主体，大学应努力利用国际教育舞台和世界学术资源，积极与各国的文化教育机构建立广泛的合作伙伴关系，通过人员跨境交流、项目的国际合作、国际教育援助、发展跨境教育以及参与国际教育规则制定等方式，在国际教育舞台上发出自己的声音，从而增强自身在世界范围内的学术影响力、学术竞争力和办学声誉，同时也更好地服务于“一带一路”倡议。从国家层面来说，作为大学事务的指导者和保障者，政府应在充分调研的基础上出台针对性政策，为大学开展国际交流合作提供必要的政策支持和策略引导，同时加大公共财政资源的投入力度，为大学的国际交流合作提供充足的经费支持。值得注意的是，大学要充分发挥国际交流合作的新使命，并不意味着大学要照搬其他国家的发展经验，也不是指大学要办成“世界大学”的某国分校，而是指大学要根据本国国情和社会需要，秉持开放与多元心态来应对现实冲击，积极借用国内、国际两个市场和两种资源来做强、做大，在服务于本国国家利益的基础上实现与他者的利益互补与合作共赢，为全世界知识、社会与经济的进步贡献力量。

第六章　我国高校预算绩效管理体系设计

当代经济发展已进入依靠科技进步和人才优势提高的时期，而高等教育的目标是培养高端人才，打破技术封锁，助力国家进步，由此可见，高等教育是我国深入实施科教兴国和人才强国战略基本国策的重要保证。衡量一所大学的办学水平和教育质量，不是看它有多少大楼，而是看其有多少学术大师，看它培养的人才与区域经济、社会的发展需要的契合程度，即教育供给结构和人才培养的社会适应性，以及对经济社会发展的科技贡献和服务能力。2017 年，教育部、财政部、国家发展改革委联合发布的《统筹推进世界一流大学和一流学科建设实施办法（暂行）》指出，要全面提高我国高等教育在人才培养、科学研究、社会服务、文化传承与创新、国际影响力五方面的综合实力。因此，本章以高等教育的五大功能为出发点，研究设计我国高校预算绩效拨款管理体系。

第一节　中央部门项目支出核心绩效目标和指标设置要求

2021 年，为深入贯彻落实《中共中央、国务院关于全面实施预算绩效管理的意见》精神，提高中央部门项目支出绩效目标编制质量，推动加强和改进绩效自评工作，根据《中央部门预算绩效目标管理办法》《项目支出绩效评价管理办法》等规定，财政部又发布了《中央部门项目支出核心绩效目标和指标设置及取值指引（试行）》。据此要求，全国高校在预算绩效拨款管理考核评价中，必须结合此指引中所包含的核心绩效目标和指标进行。

一、绩效目标及指标设置思路和原则

项目支出绩效目标，是指中央部门依据部门职责和事业发展要求设立并通过预算安排的项目支出，在一定期限内预期达到的产出和效果以及相应的成本控制要求。绩效目标通过具体绩效指标予以细化、量化描述。设置绩效目标遵循确定项目总目标并逐步分解的方式，确保不同层级的绩效目标和指标相互衔接、协调配套。

（一）绩效指标设置思路

1. 确定项目绩效目标

在项目立项阶段，应明确项目总体政策目标。在此基础上，根据有关中长期工作规划、项目实施方案等，特别是与项目立项直接相关的依据文件，分析重点工作任务、需要解决的主要问题和相关财政支出的政策意图，研究明确项目的总体绩效目标，即总任务、总产出、总效益等。

2. 分解细化指标

分析、归纳总体绩效目标，明确完成的工作任务，将其分解成多个子目标，细化任务清单。根据任务内容，分析投入资源、开展活动、质量标准、成本要求、产出内容、产生效果，设置绩效指标。

3. 设置指标值

绩效指标选定后，应参考相关历史数据、行业标准、计划标准等，科学设定指标值。指标值的设定要在考虑可实现性的基础上，尽量从严、从高设定，以充分发挥绩效目标对预算编制执行的引导约束和控制作用。避免选用难以确定具体指标值、标准不明确或缺乏约束力的指标。

4. 加强指标衔接

强化一级项目绩效目标的统领性。二级项目是一级项目支出的细化和具体化，反映一级项目部分任务和效果。加强一、二级项目之间绩效指标的有机衔接，确保任务相互匹配、指标逻辑对应、数据相互支撑。经部门审核确定后的一级项目绩效目标及指标，随部门预算报财政部审核批复。二级项目绩效目标及指标，由部门负责审核。

（二）绩效指标设置原则

1. 高度关联

绩效指标应指向明确，与支出方向、政策依据相关联，与部门职责及其事业发展规划相关，与总体绩效目标的内容直接关联。不应设置如常规性的项目管理要求等与产出、效益和成本明显无关联的指标。

2. 重点突出

绩效指标应涵盖政策目标、支出方向主体内容，应选取能体现项目主要产出和核心效果的指标，突出重点。

3. 量化易评

绩效指标应细化、量化，具有明确的评价标准，绩效指标值一般对应已有统计数据，或在成本可控的前提下，通过统计、调查、评判等便于获取。确难以量化的，可采用定性表述，但应具有可衡量性，可使用分析评级（好、一般、差）的评价方式评判。

二、绩效指标的类型

绩效指标包括成本指标、产出指标、效益指标和满意度指标四类一级指标。原则上每一项目均应设置产出指标和效益指标。工程基建类项目和大型修缮及购置项目等应设置成本指标，并逐步推广到其他具备条件的项目。满意度指标根据实际需要选用。

1. 成本指标

为加强成本管理和成本控制，应当设置成本指标，以反映预期提供的公共产品或服务所产生的成本。项目支出首先要强化成本的概念，加强成本效益分析。对单位成本无法拆分核算的任务，可设定分项成本控制数。对于具有负外部性的支出项目，还应选取副作用成本指标，体现相关活动对生态环境、社会公众福利等方面可能产生的负面影响，以综合衡量项目支出的整体效益。

成本指标包括经济成本指标、社会成本指标和生态环境成本指标等二级指标，分别反映项目实施产生的各方面成本的预期控制范围。

经济成本指标主要反映实施相关项目所产生的直接经济成本。社会成本指标主要反映实施相关项目对社会发展、公共福利等方面可能造成的负面影响。生态环境成本指标主要反映实施相关项目对自然生态环境可能造成的负面影响。

2. 产出指标

产出指标是对预期产出的描述，包括数量指标、质量指标、时效指标等二级指标。

数量指标主要反映预期提供的公共产品或服务数量，应根据项目活动设定相应的指标内容，指标应突出重点，力求以较少的指标涵盖体现主要工作内容。质量指标主要反映预期提供的公共产品或服务达到的标准和水平，原则上工程基建类、信息化建设类等有明确质量标准的项目应设置质量指标，如“设备故障率”“项目竣工验收合格率”等。时效指标主要反映预期提供的公共产品或服务的及时程度和效率情况，设置时需确定整体完成时间。对于有时限完成要求、关键性时间节点明确的项目，还需要分解设置约束性时效指标；对于内容相对较多并且复杂的项目，可根据工作开展周期或频次设定相应指标，如“工程按时完工率”“助学金发放周期”等。

产出指标的设置应当与主要支出方向相对应，原则上不应存在重大缺项、漏项。数量指标和质量指标原则上均需设置，时效指标根据项目实际设置，不作强制要求。

3. 效益指标

效益指标是对预期效果的描述，包括经济效益指标、社会效益指标、生态效益指标等二级指标。

经济效益指标主要反映相关产出对经济效益带来的影响和效果，包括相关产出在当年及以后若干年持续形成的经济效益，以及自身创造的直接经济效益和引领行业带来的间接经济效益。社会效益指标主要反映相关产出对社会发展带来的影响和效果，用于体现项目实施当年及以后若干年在提升治理水平、落实国家政策、推动行业发展、服务民生大众、维持社会稳定、维护社会公平正义、提高履职或服务效率等方面的效益。生态效益指标反映相关产出对自然生态环境带来的影响和效果，即对生产、生活条件和环境条件产生的有益影响和有利效果，包括相关产出在当年及以后若干年持续形成的生态效益。

对于一些特定项目，应结合管理需要确定必设指标的限定要求。如工程基建类项目和大型修缮及购置项目，考虑使用期限，必须在相关指标中明确当年及以后一段时期内预期效益发挥情况。

对于具备条件的社会效益指标和生态效益指标，应尽可能通过科学合理的方式，在予以货币化等量化反映的基础上，转列为经济效益指标，以便于进行成本效益分析比较。

4. 满意度指标

满意度指标是对预期产出和效果的满意情况的描述，反映服务对象或项目受益人及其他相关群体的认可程度。对申报满意度指标的项目，在项目执行过程中应开展满意度调查或者其他收集满意度反馈的工作。如“展览观众满意度”“补贴对象满意度”等。

满意度指标一般适用于直接面向社会主体及公众提供公共服务，以及其他事关群众切身利益的项目支出，其他项目根据实际情况可不设满意度指标。

三、绩效指标的具体编制

（一）绩效指标名称及解释

指标名称指末级指标的名称，是对指标含义的简要描述，要求简洁明确、通俗易懂。指标解释是对末级指标名称的概念性定义，反映该指标衡量的具体内容、计算方法和数据口径等。

（二）绩效指标来源

1. 政策文件

部门和单位可以从党中央、国务院或本部门在某一个领域明确制定的目标、规划、计划、工作要求中提炼绩效指标。此类指标主要是有明确的统计口径和获取规范的统计指标，有较高数据质量和权威性，如国民经济和社会发展五年规划提出的经济社会发展主要指标、城镇调查失业率、每千人口拥有执业（助理）医师数、森林覆盖率等。

2. 部门日常工作

（1）统计指标。此类指标在部门日常工作中约定俗成、经常使用，并且有统计数据支撑，可以作为绩效指标。

（2）部门管理（考核）指标。中央部门对下属单位、地方各类考核中明确的考核指标，可以作为绩效指标。如国家教育主管部门组织对高校、学科、教师的考核评比等。

（3）部门工作计划和项目实施方案。中央部门对实施项目的考虑和工作安排，经规范程序履行审批手续后，可以作为绩效指标。如开展调研次数、培训人次等。

3. 社会机构评比、新闻媒体报道等

具有社会公信力的非政府组织、公益机构、新闻媒体等对公共服务质量和舆论情况等长期或不定期跟踪调查，形成的具有一定权威性和公认度的指标。

4. 其他参考指标

5. 甄别使用开展重点绩效评价采用的指标、已纳入绩效指标库管理和应用的指标

如按照上述来源难以获取适宜指标，部门应当根据工作需要科学合理创设指标。实际工作中可以立足我国管理实际，借鉴国外政府绩效管理、学术研究、管理实践等经验，合理创设相关指标。

（三）绩效指标值设定依据

绩效指标值通常用绝对值和相对值表示，主要依据或参考计划标准、行业标准、历史标准或财政部和业务主管部门认可的其他标准进行设定。

计划标准是根据计划依据可再细分为国家级、中央部门级计划或要求，如党中央和国务院文件、政府工作报告、各类规划、部门正式文件、有关会议纪要提及的计划或考核要求等。行业标准包括行业国际标准、行业国家标准、行业省级标准等，如涉及工艺、技术等指标时可采用。历史标准可参考近三年绩效指标平均值、上年值、历史极值等。预算支出标准主要用于成本指标的取值，不得超出规定的预算支出标准设置目标值。其他标准主要是指其他参考数值、类似项目的情况等。

（四）绩效指标完成值取值方式

根据绩效指标具体数值（情况）的特点、来源等明确取值方式。部门应在设置绩效指标时一并明确有关取值要求和方法。常用的方式有：

1. 直接证明法

直接证明法指可以根据外部权威部门出具的数据、鉴证、报告证明的方法，通常适用于常见的官方统计数据等。

2. 情况统计法

情况统计法是指按规定口径对有关数据和情况进行清点、核实、计算、对比、汇总等整理的方法。多数产出指标适用于本方法。

3. 情况说明法

情况说明法，对于定性指标等难以通过量化指标衡量的情况，由部门根据设置绩效目标时明确的绩效指标来源和指标值设定依据，对指标完成的程度、进度、质量等情况进行说明并证明，并依据说明对完成等次进行判断。

4. 问卷调查法

问卷调查法是指运用统一设计的问卷向被选取的调查对象了解情况或征询意见的调查方法。一般适用于满意度调查等。部门可以根据必要性、成本和实施可行性，明确由实施单位在项目实施过程中开展。

5. 趋势判断法

趋势判断法是指运用大数据思维，结合项目实施期总体目标，对指标历史数据进行整理、修正、分析，预判项目在全生命周期不同阶段的数据趋势。

（五）绩效指标完成值数据来源

1. 统计部门统计数据，如 GDP、工业增加值、常住人口等。

2. 权威机构调查（统计），如基本科学指标数据库（ESI）高校学科排名、科学引文索引（SCI）收录论文数等。

3. 部门统计年鉴，如在校学生数、基本医疗保险参保率等。

4. 部门业务统计，如培训人数、网站访问量、完成课题数、满意度等。

5. 部门业务记录，如能够反映重大文化活动、演出展览现场的音像、视频资料等。

6. 部门业务评判，如项目成效、工作效果等定性指标。

7. 问卷调查报告，如满意度等。

8. 媒体舆论，如满意度等。

9. 其他数据来源。

（六）指标分值权重

绩效指标分值权重根据项目实际情况确定。原则上一级指标权重统一按以下方式设置：对于设置成本指标的项目，成本指标 20%、产出指标 40%、效益指标 20%、满意度指标 10%（其余 10%的分值权重为预算执行率指标，编制预算时暂不设置，部门或单位开展自评时使用，下同）；对于未设置成本指标的项目，产出指标 50%、效益指标 30%、满意度指标 10%；对于不需设置满意度指标的项目，其效益指标分值权重相应可调增 10%。各指标分值权重依据指标的重要程度合理设置，在预算批复中予以明确，设立后原则上不得调整。

（七）绩效指标赋分规则

1. 直接赋分

直接赋分法主要适用于进行“是”或“否”判断的单一评判指标。符合要求的得满分，不符合要求的不得分或者扣减相应的分数。

2. 按照完成比例赋分，同时设置及格门槛

这种方法主要适用于量化的统计类等定量指标。具体可根据指标目标值的精细程度、数据变化区间进行设定。

预算执行率按区间赋分，并设置及格门槛。如：项目完成，且执行数控制在年度预算规模之内的，得 10 分；项目尚未完成，预算执行率小于 100%且大于等于 80%的得 7 分，预算执行率小于 80%且大于等于 60%的得 5 分，预算执行率小于 60%的不得分。

其他定量指标按比例赋分，并设置及格门槛。如：完成率小于 60%的为不及格，不得分；大于等于 60%的，按超过的比重赋分，计算公式为：得分=（实际完成率-60%）/（1-60%）×指标分值。

3. 按评判等级赋分

按评判等级赋分法主要适用于情况说明类的定性指标。分为基本达成目标、部分实现目标、实现目标程度较低三个档次，并分别按照该指标对应分值区间 100%~80%（含）、80%~60%（含）、60%~0%合理确定分值。

4. 满意度赋分

满意度赋分法主要适用于对服务对象、受益群体的满意程度询问调查，一般按照区间进行赋分。如：满意度大于等于 90%的得 10 分，满意度小于 90%且大于等于 80%的得 8 分，满意度小于 80%且大于等于 60%的得 5 分，满意度小于 60%的不得分。

（八）绩效指标佐证资料要求

按照数据来源提供对应的佐证材料。主要包括以下类型：

1. 正式资料

统计年鉴、文件、证书、专业机构意见（标准文书）等。

2. 工作资料

部门总结、统计报表、部门内部签报、专家论证意见、满意度调查报告、相关业务资料等。对于过程性资料，部门和单位应当在项目实施过程

中及时保存整理。

3. 原始凭证

预决算报表、财务账、资产账、合同、签到表、验收凭证、网站截屏等。

4. 说明材料

针对确无直接佐证材料或者综合性的内容，由相关单位、人员出具正式的说明。

中央部门应当按照上述指引设置和使用项目支出核心绩效目标和指标，并可在指引原则范围内，根据部门实际组织部门本级和所属单位进一步细化指引内容，制定操作细则，规范有序提升绩效目标编制和评价工作质量。

第二节 我国高校预算绩效管理框架设计

高校优质的教育服务可以为地方经济社会的全面发展提供丰富的人才储备，理想的人力资源储备也是吸引企业前来投资建厂的有利条件。而地方政府要想发展好高等教育，重点是要解决好如何合理配置教育资源的问题，其中又以财政资金如何分配和有效管理最为关键。2020 年中国共产党第十九届中央委员会第五次全体会议通过的决议中专门要求“强化预算约束和绩效管理”，2021 年财政部发布的《中央部门项目支出核心绩效目标和指标设置及取值指引（试行）》，这些文件精神均对于深化预算管理体制改革、推进国家治理体系和治理能力现代化建设具有重要意义。

如何变革财政支持高校的传统预算拨款模式，改进财政资金分配和管理方式，在公正公平的前提下兼顾特色，充分利用财政资金，有效提高高等教育的办学质量和水平，是当前教育行政管理部门亟待解决的现实问题。

一、预算绩效拨款的相关概念

（一）预算拨款

预算拨款分为预算和拨款两方面。预算是指高校为下一年度学校各种财务收支作出预先估计金额；拨款通常是由上级向下级拨付资金。预算拨款是针对教育事业而言的，整体可以理解为拨款单位根据高校提交的预算和对高校实际收支的调查，通过层层审批最终向高校拨付下一年度发展所需资金。各高校提交的预算必须真实准确，拨款单位对高校的收支调查也要翔实、严谨，双方的共同配合才有利于资金快速到达用款单位。

（二）预算拨款制度

预算拨款制度是经国务院批准、由中华人民共和国财政部和教育部统一印发的、关于高校教育经费拨付方式的一种制度。该制度会随着高校的发展而不断改进，从颁布至今，我国对其进行了三次大的改进。

在20世纪80年代之前，我国高等教育拨款方式是以“基数+发展”为主的。“基数+发展”模式是指各学校以上一年度上级所分配的资金数量为基数，然后考虑当年学校的实际发展需求，如学校扩大招生规模、办公楼的扩建、教学楼的新增等，最后将两者合并确定当年学校所需资金。该财政拨款方式最大的缺点在于拨款缺乏科学依据，高校可根据自己的任何需要向上级请求拨款，一旦经费拨付下来，经费就必须按照当初的计划使用，不利于高校对经费的调整。

在这之后，就出现了“综合定额+专项补助”的拨款方式。这种方式是指国家财政部门根据每个学校的学生人数来统一规定该校所需拨付的教育经费，并且视学校发展的实际情况，另外为该校安排专属的经费。该财政拨款方式较以前“基数+发展”的拨款方式有进步，但经过一段时间的实施发现，该模式导致了越来越多的高校盲目扩张，从而忽视了高校内涵发展，影响高校的办学质量。

在2002年，我国开始尝试以绩效拨款为主的“基本支出+项目支出”的拨款模式。由于当时的教育意识不太强，所以绩效拨款并没有得到重视，但总体的拨款方式一直未变。其中，基本支出预算是用来保证高校的正常发展，除此之外还包括离退休补助经费等政策性经费。项目支出预算主要用于高校完成具体任务或教师职业发展目标，主要包括了13个项目，如改善学校教育条件、教师科研能力、其他重点建设等。通过近几年的发展来看，这种模式也存在一些不足。基本支出的支出依据是每个学生发展所需资金乘以学生人数，这种计算方式是否合理还未曾可知；项目支出中也没有考虑绩效产出的结果，这些不足还需要时间来完善。

（三）高校绩效

高校绩效是指高校中个人或组织在资金投入后对资金使用过程、使用后的结果通过一定的方式进行评价，这是提高高校资金使用较为有用的方法。

高校建立的目的就是培养高素质人才、为科学项目研究提供良好的环境氛围、为国家的发展提供支持，这三个原因也促成了高等教育的三种绩效形式。高等教育绩效拥有自己独特的地方。高等教育绩效评价没有严格的时间限定，可以是对过去某一项目进行绩效评价，也可以是对现在正在进行的项目进行绩效评价，或是对相同项目在不同时期的绩效进行对比评价。总之，绩效评价的范围和时间跨度很广泛，所以也逐渐被很多国家使用。

（四）高校绩效拨款方式

高校绩效拨款是高等教育领域财政资金分配的专门术语，是教育行政管理部门按照高等学校的绩效综合评价水平分配高等学校财政经费的制度安排。

高校绩效拨款方式可细分为基础性预算绩效拨款和奖励性预算绩效拨款。参见图 6-1，基础性拨款就是对基础项目进行拨款，如对高校日常活动、教师办公经费、师生进行科研项目的申请等；奖励性拨款顾名思义就是出于奖励目的的拨款，如奖励教师教学态度认真、奖励学生积极进行学术研究、奖励全校师生进行自主创新，挖掘更多对高校发展有利的条件。其中基础性预算绩效拨款又可划分为基本支出预算绩效拨款和项目支出预算绩效拨款。基本支出就是满足高校基本活动正常所需的支出，项目支出是针对一些特殊项目而设定的，满足条件的才能从项目支出中划拨。

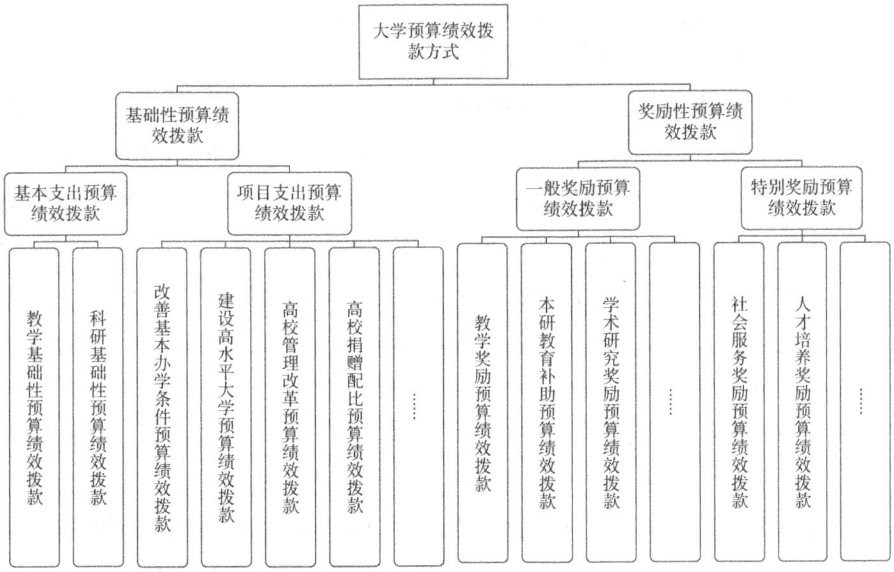

图 6-1　高校预算绩效拨款方式

二、国家对预算绩效的改革及其对高校预算拨款的要求

2015年，国家有关部门印发了关于高校预算拨款制度改革完善的通知，对全国各高校的预算拨款改革作出了文字性的说明。此通知是为了更好地服务国家高等教育事业，将高等教育发展面临的现实问题考虑其中，从而得到新的、符合时代发展的预算拨款制度。该制度改革的原则是利用中央高校引领作用简化审批权，公平合理地拨付资金，使高校的发展能更上一个台阶。文件虽然颁布的是对中央高校的预算拨款制度，但是也间接地涵盖了以中央高校的制度改革来鼓励地方高校的制度改革，使全国高校能够共同发展，推动我国教育事业走上巅峰。

关于基本支出的改进。通知中写道，我国现行的生均拨款额度不能一成不变，相关部门应该对高校近几年的生均拨款金额进行调查和记录，根据调查结果比较拨款额度和高校实际使用资金之间的关系。如果由于上级近几年拨款不足导致高校发展不力，那么上级部门可以根据高校需要重新确定每个学生的拨款额度。像这样的调查和记录要定期进行，以保证资金拨付可以满足高校的稳定发展。此外，生均拨款定额还要根据不同情况不同考虑，比如一些发展落后的地区要适当增加拨款金额。每个学生都应该有享受公平教育的机会，不能因为地区差异而导致受教育不足。这也是相关部门制定政策时需要特别关注的地方。

关于项目支出的改进。重新规定项目支出的范围，定期对制定不合理、过时的项目进行筛选和剔除，对项目内容和性质相同的进行合并，对新项目、有价值的项目要做特殊标记，重点对待。通过这样的整理，更加明确了项目支出的去向，使资金得到了更好的使用。

在预算拨款制度全面改革的过程中，各个部门都应该积极配合，尽快落实各项政策。首先，要做到的就是对不同水平高校进行归类。因为每个高校的发展基础、建校时间、师资能力都不一样，所以就要按照一定的标准对各高校进行分类，再根据高校的分类情况对高校进行拨款，这样既能满足高校的需要也能节约国家财政资金。高校建立的作用就是为社会培养德智体美劳全面发展的人才，这些人才反过来也可以推动高校的发展，这两者之间是相互促进、共同进步的关系。其次，鼓励高校寻找筹资新渠道以满足高校日益发展对资金的需求。培养一名学生花费的大部分金额都是

由国家承担的，学生自己只需要缴纳学费和住宿费等。也有少部分是企业或校友捐赠。除了培养学生之外，高校还有很多其他地方需要花费资金，所以在这种资金紧张的局势下，高校应发挥优势，寻找一些新的筹资渠道，提升资金实力。最后，通过中央高校的改革来带动地方高校的改革，地方高校在改革中要借鉴中央高校改革的经验，并结合当地的资源和自身实际的发展来做出改变，切忌操之过急，一切都要稳中有序、循序渐进。

三、当前预算拨款制度的缺陷

我国一直使用以“基本支出+专项支出”为主要拨款方式的生均拨款制度，该制度之所以需要改革，主要是因为原有预算拨款制度在高校发展中逐渐露出一些弊端，使高校的资金使用越来越拮据，甚至出现资金使用不够的现象，大大降低了高校资金使用的效率，从而制约了高校的发展。其主要缺陷有以下 4 个方面。

1. 拨款方式不够合理

生均拨款制度规定，高校发展所需资金数额是根据学校的学生人数确定，学生人数多拨付的金额就多，反之就少。这种拨款方式看似公平，考虑了各高校等级差异和学科差异，但没有弄清楚不同类型高校培养学生模式以及对每种模式愿意投入的成本，这种笼统的拨款方式使拨款的金额无法满足高校的实际发展需要，也就无法更好地推动不同学科、不同学生的发展。

2. 招生数量激增和债务日趋庞大

根据生均拨款制度，如果高校想要获取更多的拨款就会招募更多的学生，学生数量会在短时间内急剧增加。而高校的教师资源、教学设备、学生生活区域等配套资源不可能在短时间内同步增长，这会给学校教学带来压力，也会影响学生的受教育程度，甚至影响高校整体的声誉。在这种捉襟见肘的情形下，高校领导往往通过大肆借款来保运行，造成借款越积越多。由于缺乏资金保证，长久发展下去，高校的运行将举步维艰。

3. 未与社会需求紧密联系

政府拨款一般依据各高校的招生规模，往往忽略高校的实际发展需要，容易引发高校盲目招生，这既不利于政府的宏观调控，又不利于高校的可持续发展。整个拨款流程由政府部门单方面决定。

4. 尚未建立完善的绩效激励机制

原有的生均拨款制度属于以政府拨款为主的拨款机制，政府只是根据学校的合理需求拨付金额，很少考虑采用绩效激励机制拨款。如果缺少绩效激励机制，高校办学的积极性就不高，办学效率也会停滞不前，高校也不注重所掌握资金的使用效率，最终影响高校的高质量发展。

四、高校预算绩效拨款评价指标体系构建的基本原则

1. 引导性原则

高校预算绩效拨款评价指标体系在构建中要具有正确引导作用，引导各高校积极为国家教育的发展提供更好的服务。各高校找准定位，大力发展高校教学，重视学生的学习效率和科研能力，为我国教育事业的发展提供支持与保障。

2. 科学性原则

绩效评价指标的选取要运用科学合理的方法、按照科学规范的程序，选取科学有效的指标，这样才能对预算项目进行科学合理的考评。

3. 可比性原则

相同类型的预算项目、同类研究对象的评价指标选取要根据统一的标准，使得预算绩效评价结果能够实现横纵向、全方位的对比，以期学习绩效好的项目的优点，找到绩效差的项目的不足并改进，发挥绩效管理的作用。

4. 可操作性原则

评价指标的设计不能只考虑研究目的，还要考虑到客观条件的可操作性。所以在对指标进行设计时，既要科学符合理论需求，又要简明清晰可以用于实际评价，符合客观实际。即所选取的指标的数据来源可以从现行的高校财务数据和基本资料中获得，可操作性强。

5. 动态完善原则

绩效考核的目的是提高资金使用效益与效率，使高校获得长足发展，绩效目标的选取并非一成不变的，要根据国家政策、高校战略目标、发展方向、项目执行等情况进行适时更新，实行动态的、发展性的绩效评价体系，以适应财政资金绩效管理的发展要求。

五、我国高校预算绩效管理层级构建

2017 年，教育部、财政部、国家发展改革委联合发布的《统筹推进世界一流大学和一流学科建设实施办法（暂行）》指出，要全面提高我国高等教育在人才培养、科学研究、社会服务、文化传承与创新、国际影响力方面的综合实力。因此，人才培养、科学研究、社会服务、文化传承与创新、国际影响力成为新时代我国高校的五大基本职能。2021 年财政部发布的《中央部门项目支出核心绩效目标和指标设置及取值指引（试行）》中指明中央部门项目支出核心绩效指标类型，包含成本指标、产出指标、效益指标和满意度指标四类。其中成本指标、产出指标、效益指标主要体现大学教育对社会的贡献度，满意度指标体现社会对大学教育的满意度。

将我国高等教育的人才培养、科学研究、社会服务、文化传承与创新、国际影响力五大职能和中央部门对高校预算绩效考核要求相结合，制定出我国高校预算绩效拨款考核的层级构造，即目标层、准则层和方案层三个层级。

选择不同的绩效管理工具，指标的选取方法会有不同。例如，选择关键绩效指标评价方法，我国可以把高校预算绩效拨款考核评价分为满意度预算绩效拨款和贡献度预算绩效拨款两个目标层指标，在满意度预算绩效拨款和贡献度预算绩效拨款指标下分设教学满意度、科研满意度、社会服务满意度、文化传承与创新满意度及国际影响力满意度 5 个准则层指标；最后在每一准则层指标下，又根据实际情况构建指标层指标进行考核评价。

第三节　我国高校预算绩效管理的评价方法选择

一、我国高校预算绩效管理的评价方法

1. 关键绩效指标法

关键绩效指标法是指基于高校总体战略目标，通过建立关键绩效指标

（Key Performance Indicator，KPI）体系，将高等教育的人才培养、科学研究、社会服务、文化传承与创新和国际影响力的五大职能与战略规划目标有效联系，并据此实施预算绩效管理的方法。

所谓关键绩效指标，是指对高校预算绩效产生关键影响力的指标，是通过对高校战略目标、关键成果领域的绩效特征分析，识别和提炼出的最能有效驱动高校价值创造的指标。关键绩效指标法的应用对象可以是全部高校、高校整体，也可以是所属单位（部门）和具体工作岗位。

这种方法简洁明了，数据易得，易处理，且容易与多种其他方法相结合，运用灵活，在实际运用中颇受青睐。

2. 层次分析法

根据预算支出的特点，以及高校的职能，对于预算绩效评价指标的选取很多专家学者进行了研究。有些学者对于从资源投入维度的角度，将指标分为资本投入和劳动投入；有些学者提出可以从人力投入、物力投入和财力投入三个维度来设计绩效评价指标；有些学者从人力、财力、物力三个维度考虑指标如何选取更为科学合理，在咨询了相关的专家，以及综合考虑指标的重要性、科学性、可行性、可比性、动态性之后，将绩效评价指标分为“资源投入、教学绩效、科研绩效、社会满意度、发展能力”五个方面，再根据其特点，提取关键指标。

本书根据我国高等教育的五大基本职能和2021年财政部发布的《中央部门项目支出核心绩效目标和指标设置及取值指引（试行）》的要求，运用层次分析法构建基于目标层、准则层和方案层三个层次的结构模型，进行预算绩效管理分析评价。层次分析法对于相互关联、相互制约的众多因素构成的复杂系统，是一种新的、简洁的、实用的决策工具方法。

3. 平衡计分卡

平衡计分卡（Balanced Score Card，BSC）是常见的绩效考核方式之一，它是从财务、客户、内部运营、学习与成长四个维度来制定可衡量的指标和目标值，将组织战略转化为可衡量的指标的一种绩效管理体系。

BSC理论在20世纪90年代由Robert Kaplan和David Norton提出。传统的绩效管理方法只能衡量历史数据（落后的结果因素），BSC理论从财务、客户、内部运营、学习与成长四个维度的指标能够同组织战略相结合，既保留了过去传统的衡量业绩的财务指标，又发展了多角度促进企业运行与发展的非财务指标，克服了传统的绩效管理方式只考虑财务指标与短期利益的问题，被《哈佛商业评论》评为 20 世纪 75 个全球最具有影响力的理论之一。目前，BSC 理论被西方国家广泛应用，取得了显著效果。而在我国，BSC 理论多应用于大型企业，非营利组织应用较少，在我国发展尚不成熟。

4. 模糊综合评价法

模糊综合评价法具有结果清晰、系统性强的特点，能较好地解决边界模糊的、以准确量化的问题。模糊综合评价法通过精确的数字手段处理模糊的评价对象，对蕴藏信息呈现模糊性的资料作出比较科学、合理、贴近实际的量化评价；同时，评价结果是一个矢量，而不是一个点值，包含的信息比较丰富，既可以比较准确地刻画评价对象，又可以进一步加工，得到参考信息。

模糊综合评价法是根据预算绩效管理的评价内容的多样性和复杂性，对于许多问题难以用精确而确定的概念进行描述。此评价方法基于模糊数学，较好地解决模糊得难以量化的问题，是一种适合各种非确定性绩效评价问题的管理工具。

5. 数据包络分析法

数据包络分析法（Data Envelopment Analysis，DEA）是由美国著名学者查恩斯（A. Charnes）和库伯（W. W. Cooper）等人提出的用于评价多指标投入和多指标产出的非参数统计方法。数据包络分析法将其考察的对象称为决策单元，每个决策单元都有多组输入、输出变量，通过软件针对各决策单元分别进行效率分析、投入冗余产出不足分析、投影分析等，最终得出决策单位综合效率的相对排序，以达到绩效评价的目的。

高校教育经费投入与产出指标的衡量是多方面的，人力、财力与物力投入为绩效评价的主要影响因素，其中财力投入最为关键，同时，高校依据主要投入资源以培养人才为中心，开展教学、科研及社会服务等活动。基于投入产出理论，对高校投入产出进行绩效评价，符合多输入和多输出的前提条件，因此，适合运用数据包络分析法进行预算绩效拨款管理。

二、我国高校预算绩效管理的评价方法的选择

2021 年，为深入贯彻落实《中共中央、国务院关于全面实施预算绩效

管理的意见》精神，财政部发布了《中央部门项目支出核心绩效目标和指标设置及取值指引（试行）》，这又为高校选择用关键绩效指标法奠定了良好基础，同时为方案层指标的评分提供依据。本书在高校预算绩效管理评价方法研究中，拟选择关键绩效指标法结合权重比例来考量高校预算绩效管理水平。

选用此方法的原因主要有：一是关键绩效指标的确定能紧密结合高校的战略发展目标，符合高校发展战略；二是我国当前高校预算管理水平偏低，且管理会计应用指引中也没有明确指明宜用方法；三是关键绩效指标法相关数据易得，易为人理解且能贴切反映高校五大职能的履行情况，说明问题直接明了；四是适用范围广，无论是高校内部，还是不同高校间，无论是校内各期，还是不同高校间横向比较均已采用。大家知道，具体应用时，从高校战略出发，先对高等教育的人才培养、科学研究、社会服务、文化传承与创新和国际影响力的五大职能进行权重确定，紧接着设计各职能准则层贡献度和满意度的权重，然后在准则层贡献度和满意度范围内再确定方案层各细分指标的权重和各细分指标的评分标准，最后根据方案层的打分乘以方案层各指标的权重层层往上，最后得出研究范围内的预算绩效得分，实现对高校预算绩效管理水平的评价。评价方法的运用分校内评价和不同高校之间的评价两种。

（一）校内高校预算绩效管理的评价方法

高校结合学校当前的发展战略，据各职能在完成发展战略中的作用，为五大职能分别确定其权重。为反映各职能的履职情况，我们为五大职能分别设计了准则层贡献度和满意度的权重，然后在准则层贡献度和满意度范围内再确定方案层各细分指标的权重和各细分指标的评分标准。各层级的比重及细分指标的评分标准由学校的预算管理委员会统一确定。考核时，先按照各细分指标的完成情况进行打分，然后根据各指标的打分乘以其权重，确定各职能的分值，最后再根据各职能的分值，确定该高校的预算绩效管理得分。各职能层级的历年相比较，可以看出该高校总体预算绩效管理水平是否得到提升，且通过细项得分进一步分析出在哪些因素上取得了成绩，又在哪些因素上做得较差，为后期高校预算管理改善指明了方向。

同一所高校在不同发展时期，发展战略不同，学校预算管理委员会需根据发展战略重新调整五大职能的权重，然后依据各职能的细分指标，依然按照对完成发展战略的重要性，由学校的预算管理委员会重新确定细分指标的权重。期末，先按照各指标的完成情况进行打分，然后根据各指标的打分数乘以其权重，确定各职能的分值，最后再根据各职能的分值，确定该高校的预算绩效管理得分。这一得分已和调整前完全不一样，彰显了高校在新的发展战略下的高校预算绩效管理水平。

如果高校预算绩效管理打分汇总到目标层，即得到各职能的打分情况，则可以说明相关职能部门的预算绩效管理水平；如果在得到各职能的打分后，再乘以各项职能的权重，就可以得到全校的预算绩效管理水平的得分。

据以上说明可知，该种评价方法客观真实反映各部门及全校的预算绩效管理水平的另一关键因素是预算管理委员会制定的权重指标和评分标准是否科学合理，因此，在各校具体应用过程中应认真调研，合理确定各层级的权重和方案层的评分标准。

（二）不同高校间预算绩效管理的评价方法

国家相关管理高校的部门给高校拨款，需要掌握拨款的具体运行质量。如何考核拨款的运行质量呢？主管部门首先需按高校类型分别制定五大职能的权重，然后确定准则层贡献度和满意度的权重，再确定方案层各细分指标的权重和各细分指标的打分标准，最后由下而上逐步得出各高校预算绩效的具体得分。这样就可以横向比较各高校的预算管理水平。

同上所说，如果各高校预算绩效管理打分汇总到目标层，即可以得到各高校各职能的打分情况，上级主管部门和各高校就可以比较在某一特定职能上预算绩效管理水平；如果在得到各职能的打分后，再乘以各项职能的权重，就可以得到各高校综合的预算绩效管理水平得分情况。

执行中的关键是主管部门确定的权重及各细分指标打分标准的科学性，只有标准确定合理，才能保证各高校在同一基准线上进行比较，才能科学衡量各高校的预算绩效管理的真实水准，才能肯定预算绩效管理优秀高校，鞭策相对落后高校，让预算绩效管理相对落后的高校找准自身存在的问题，进而奋起直追，迎头赶上，最终实现管理部门预算拨款的最佳资源配置，实现教育兴国，科技兴国的目标。

第七章　高校预算绩效管理评价指标设计

作为预算绩效评价的核心，预算绩效评价体系的建立与健全意义重大。而一套科学、完备的绩效评价体系建立的基础需要有相适应的评价指标和评价方法。根据高校的人才培养、科学研究、社会服务、文化传承与创新和国际影响力五大职能，结合 2021 年财政部发布的《中央部门项目支出核心绩效目标和指标设置及取值指引（试行）》设置要求和高等教育的特点，本章将高校预算绩效管理核心评价指标体系分为满意度预算绩效管理评价指标和贡献度预算绩效管理评价指标两个目标层，然后在目标层下构建教学、科研、社会服务、文化传承与创新和国际影响力五方面的准则层，在准则层下继续设置方案层的评价指标作为对准则层各评价指标进行回应。

第一节　高校教学预算绩效管理评价指标构建

随着高等教育国际化进程不断演进，国内外各高校对生源争夺日趋激烈。为吸引更多、更优质生源，高校都非常重视教学工作。教学工作的优劣情况主要通过大学教育对社会的贡献度和社会对大学教育的满意度两方面衡量。

一、教学贡献度预算绩效评价指标

（一）教学贡献度的含义

教学贡献度就是高等教育依据自身的职责和能力服务于国家战略、服务经济社会发展、服务人类命运共同体在教学方面所作出的贡献。

（二）教学贡献度的内容

高校教育的五大职能中第一个就是教学职能，教学工作是高等教育的基本功能。只有在做好日常教学的基础上，才谈得上科研、社会服务、文化传承与创新和国际影响力等。为衡量高校教学贡献度情况，我们运用扎根理论和借鉴国内外先进做法，然后设计了调查问卷（见附件 7-1），将教学贡献度从人、财、物三方面，即从师资力量、人才培养、财政投入、教育设施四方面进行考量。

1. 师资力量

高等教育教学教师起着主导作用，拥有一支人员稳定，数量、质量、结构上适应发展需要的教师队伍，直接影响高校资源配置效率和学校未来发展的前景。

高校的教学工作主要是通过教师完成的，在教学中，教师的教学能力、素质以及对教材的把控、对教学内容的熟悉程度、教学方法的使用情况等都影响着教学质量。为反映师资力量情况，高校设计了正高职称教师人数、副高职教师人数、博士学位教师人数、硕士学位教师人数，本科及以下教师人数、生师比、研究生与本科生之比、教授给本科生上课比例等。

2. 人才培养

高校人才培养方案是指导人才培养活动过程的纲领性文件，对提高人才培养质量具有重要作用。人才培养方案的历史演进分为借鉴期（1952—1956）、摸索期（1957—1965）、中断期（1966—1976）、发展期（1977—1994）、优化期（1995—　）五个阶段。培养方案的演进过程与我国政治、经济发展步调一致。

2023 年的全国教育工作会议提出高等教育的人才培养要与国家战略、区域经济社会发展需求充分对接，全面提高人才自主培养质量。各高校应根据教育部相关文件规定的专业要求及市场个人的发展需要制订学校教育教学和人才培养工作的人才培养方案。

为衡量高校人才培养情况，通过扎根理论和借鉴国外的做法，选择用博士研究生在校生数、硕士研究生在校生数、本科生在校生数、博士研究生毕业数、硕士研究生毕业数、本科生毕业数、学科竞赛获奖、学生论文获奖、教学竞赛获奖、课程建设、教改项目、就业率等衡量。

3. 财政投入

财政投入是指投入学生教学培养的费用，包括教育经费拨款、教育事业收入、上级补助收入，下级单位上缴收入、生均教育费用、生均奖学金、年度基建支出额等。

4. 教育设施

目前，我国处于经济转型的关键时期，必须有强大的技术实力支撑，只有科学技术发展迅速，才能实现顺利转型。大学承担着培养高素质人才的责任，也是国家的重要研究实验基地，因此，大学要加强对自身基础设施的建设管理，建设高质量的教学场所，提升办学实力，吸引更多大学生进入大学学习，进而进一步提升大学的学术研究水平。可以设置教科研及行政办公用房面积、生活用房面积、教学场所面积、实验实习场地面积、图书馆面积、学校占地面积等指标进行考量。

（三）教学贡献度预算绩效评价指标体系设计

教学贡献度预算绩效指标体系分目标层、准则层和指标层三个层次。目标层是教学贡献度；准则层含师资力量、财政投入、教育设施及人才培养四个方面；指标层又是用多个具体指标反映某一准则层指标。师资力量、财政投入、教育设施反映的是高校在教学上的投入情况，属于投入型指标，而人才培养反映的是高校在人才培养上的产出情况，属于产出型指标。根据以上内容构建高校教学贡献度预算绩效评价指标体系，如表 7-1 所示。

表 7-1　高校教学贡献度预算绩效评价指标体系

目标层	准则层	指标层	指标类型
教学贡献度	师资力量	正高职称教师人数	投入型
		副高职称教师人数	
		博士学位教师人数	
		硕士学位教师人数	
		本科及以下教师人数	
		生师比	
		正高职称教师人数	
		研究生与本科生之比	
		教授给本科生上课比例	

续表

目标层	准则层	指标层	指标类型
教学贡献度	财政投入	教育经费拨款	投入型
		教育事业收入	
		上级补助收入	
		下级单位上缴收入	
		生均教育费用	
		生均奖学金	
		年度基建支出额	
	教学设施	教科研及行政办公用房面积	
		生活用房面积	
		教学场所面积	
		实验实习场地面积	
		图书馆面积	
		学校占地面积	
	人才培养	博士研究生在校生数	产出型
		硕士研究生在校生数	
		本科生在校生数	
		博士研究生毕业数	
		硕士研究生毕业数	
		本科生毕业数	
		学科竞赛获奖	
		学生论文获奖	
		教学竞赛获奖	
		课程建设	
		教改项目	
		就业率	

二、教学满意度预算绩效评价指标

（一）教学满意度的含义

大学是培养青年科技人才的重要阵地，面对新形势新要求，应积极探索育人模式改革，切实提高人才培养质量，为实现高水平科技自立自强贡献更大力量。

高校是培育青年科技人才的主阵地，高质量的教学活动是培育人才的重要保证。高校在输送高质量人才的过程中，与之相关的学生家长、用人单位、社会公众、教师同行、政府相关部门等形成对高校教学活动的评价就是教学满意度。

（二）教学满意度的内容

高校的教学活动应服务于国家战略，为实现高水平科技自立自强贡献更大力量，就需重视创新人才的培养。同时高校的教学管理工作和教学质量水平也必须符合学生家长、用人单位、社会公众、教师同行、政府相关部门的基本要求。因此，教学满意度包括整个社会对创新人才培育满意度、教学质量满意度和教学管理水平满意度三项内容。

为充分掌握教学满意度的评价内容，我们运用扎根理论获取关键词，然后设计调查问卷，通过回收的问卷进行分析研究（调查问卷见附件 7-2），最后确定反映创新人才培育满意度、教学质量满意度和教学管理水平满意度的具体评价指标。

1. 创新人才培育满意度

高校是创新人才培育的主基地，创新人才培养满意度的服务对象是国家、社会、企事业单位、学生。作为大学的教育工作者，无论是领导干部，还是广大教职员工，其任务就是向学生提供高质量教育服务，为社会输送创新人才。高校的核心竞争力体现在是否能为社会培养出高质量的具有创新能力的青年人才。社会对高校创新人才培育满意度的考量主要体现在该高校是否拥有创新人才培养模式，即该高校是否有意识去培育创新人才及在教学理念上是否强化对创新精神的培养。

2. 教学质量满意度

2018 年发布的国家《教育规划纲要》对高等教育质量保障与评估工作提出了明确要求。其中，“第二条：制定教育质量国家标准，建立健全质量保障体系。第十九条：健全教学质量保障体系，改进高校教学评估。”

“第三十三条：改进教育教学评价。根据培养目标和人才理念，建立科学、多样的评价标准。开展由政府、学校、家长及社会各方面参与的教育质量评价活动。”“第四十条：推进专业评价”。鼓励专门机构和社会中介机构对高等学校学科、专业、课程等水平和质量进行评估。建立科学、规范的评估制度。探索与国际高水平教育评价机构合作，形成中国特色学校评价模式。建立高等学校质量年度报告发布制度。

根据以上要求，我们设置了专业与课程设置指标考察课程内容是否符合社会发展需求，进而是否能获取社会各界满意；设置教辅设备指标考察各项设备的完备程度是否满足教师教学所需，进而影响教学效果；设置教学评价得分指标考察教师的教学方法和教学能力是否获得学生和同行的认可；设置实践锻炼指标考察高校实践课程开设情况及效果等。

3. 教学管理水平满意度

为了保证高校教学工作的顺利开展，就必须有高质量的教学管理作为保障。而高质量的教学管理工作的完成必须有完备的教学管理规章制度作为行动准绳。

（三）教学满意度预算绩效指标体系设计

基于以上分析，参照教学预算贡献度指标体系设计，教学预算满意度预算绩效指标体系同样分目标层、准则层和指标层三个层次。具体如表 7-2 所示。

表 7-2　高校教学满意度预算绩效评价指标体系

目标层	准则层	指标层
教学满意度	创新人才培育满意度	创新精神培养
		创新人才培养模式
		专业与课程设置
	教学质量满意度	教辅设备
		教学评价得分
		实践锻炼
		教学管理规章制度
	教学管理水平	教学管理工作态度
		教学管理效率

第二节　高校科研预算绩效评价指标构建

党的十八大以来，我国高校科研创新能力全面提升，科研成果不断涌现，高校获得了60%以上的国家科技三大奖励，承担了全国60%以上的基础研究、80%以上的国家自然科学基金项目。高校在科学研究探索活动中具有独特优势，是提升国家整体科研实力，实施创新驱动、科技强国发展战略的重要力量。结合党的十九大报告提出的全面实施绩效管理的要求，对高校科研经费预算实施绩效评价，科学评价高校科研能力，对推动高校在科技创新领域的不断突破具有十分重要的意义。

一、科研贡献度预算绩效评价指标

（一）科研贡献度的含义

高校作为国家基础研究的主力军和重大科技突破的生力军，要心怀“国之大者”，想国家之所想、急国家之所急、应国家之所需，为教育强国和科技强国建设提供有力支撑。

科研贡献度就是高等教育依据自身的职责和能力服务于国家战略、服务经济社会发展、服务人类命运共同体在科学研究方面所作出的贡献。

（二）科研贡献度的内容

在科研实践中，人才是第一资源，科学技术是第一生产力，显然高校要高度重视对科研人才的培养、引进和管理工作。俗话说，巧妇难为无米之炊，要想科研出成果，科研经费的投入、科研平台的建设必须有保证。科研贡献度可以从科研人力资源、科研经费、科研平台和科研成果四方面评价。

1. 科研人力资源

高校科研能力的强弱往往和科研人员的数量、质量密切相关。科研人员投入的量越多，就越有可能选取优势力量组成项目组展开科研工作；科研人员素质越高，就越有可能取得高水平的大项目。

因此，在评价科研人力资源时，要选择两院院士、长江学者、杰青等高层次人才的数量，具有高级职称科研人员的数量，科学家和工程师的数量，所有从事科研工作人员的数量以及科技创新团队的数量等都作为评价指标。

2. 科研经费

科研经费是评估科研实力的关键指标。科研经费预算按经费来源情况设置科研经费来源总额、纵向经费总额、横向经费总额、经费预算执行率、配套经费到位率、违规使用经费占比、科研经费层次等评价指标。

3. 科研平台

科研平台是高校进行科学研究活动的硬件条件，是所在学科利用平台进行人才培养、学术研究及承接政府、企业科研项目的载体。科研平台包含国家实验室、国家重点实验室、省部级重点实验室、博士后流动站、博士点、产学研联合实验室、大学科技园、人文社科平台等。

4. 科研成果

高校在某一领域内的话语权主要取决于其科研水平的高低，即取决于其在该领域内所取得的科研成果的数量及质量。而这些科研成果更是高校教师经过多年科研与教学的实绩呈现，是高校创新能力和科技实力的重要体现。高校科研水平的高低直接影响着高校的综合实力排名、招生及学生就业等情况，其评价指标主要有发表高水平的论文数量、出版专著、研究报告、发明与专利、成果奖励等。

（三）科研贡献度预算绩效指标体系设计

基于以上分析，科研贡献度预算绩效指标包含科研人力资源、科研经费、科研平台和科研成果四方面内容，指标体系同样分目标层、准则层和指标层三个层次。其中科研人力资源、科研经费、科研平台反映的是高校在科研上的投入情况，属于投入型指标，而研究成果反映的是高校在科研上的产出情况，属于产出型指标。据以上内容构建的高校科研贡献度预算绩效评价指标体系如表 7-3 所示。

表 7-3　高校科研贡献度预算绩效评价指标体系

目标层	准则层	指标层	指标类型
科研贡献度	科研人力资源	“两院”院士数量	投入型
		“长江学者”数量	
		“杰青”数量	
		具有高级职称科研人员的数量	
		科学家和工程师的数量	
		科研团队数量	
		科研人员总量	
	科研经费	科研经费来源总额	
		纵向经费总额	
		横向经费总额	
		经费预算执行率	
		配套经费到位率	
		违规使用经费占比	
		科研经费层次	
	科研平台	国家实验室	
		国家重点实验室	
		省部级重点实验室	
		博士后流动站	
		博士点	
		产学研联合实验室	
		大学科技园	
		人文社科平台	
	科研成果	发表论文数量	产出型
		自然科学发表高水平论文数量	
		人文社科发表高水平论文数量	
		出版专著	
		研究报告	

续表

目标层	准则层	指标层	指标类型
科研贡献度	科研成果	发明与专利	产出型
		成果奖励	
		国家自然科学奖	
		国家科技进步奖	
		省部级科技进步奖	
		人文社科国家级成果奖	
		人文社科省部级成果奖	

二、科研满意度预算绩效评价指标

（一）科研满意度的含义

科研满意度即科研人员对所在高校科研工作的满意程度，反映了高校科研环境和条件的优劣，也直接关系到高校科研人员的工作积极性和创新能力。

（二）科研满意度的内容

在科研实践中，如何提升高校的科研人员的科研积极性，创造出更多的科研成果与学校提供的科研氛围密不可分。科研满意度可以从科研管理水平、科研工作环境、科研人员薪酬水平、科研人员职业晋升条件四方面进行衡量。

1. 科研管理水平

高校科研管理水平的衡量首先要看高校对科研工作的重视程度；其次看有无科学可行的科研整体规划，激发科研人员积极性的科研政策；再次看科研部门的服务态度，有没有精准服务措施，如组建科研经费预决算服务团队指导科研经费的填报和使用，聘请专业律师团队把关科研合同等；最后看科研经费和科研成果管理。

2. 科研工作环境

高校为帮助科研人员安心做好科研工作，在提供良好的科研管理服务的同时，要注重科研工作环境建设。良好的科研工作环境既方便科研学术交流，又提升科研工作效率。良好的科研工作环境体现在丰富的线上线下文献资源，精良的实验室装备，舒心的科研工作场所，浓厚的学术科研氛围。

3. 科研人员薪酬水平

在科技竞争和人才竞争日益激烈的环境下，高校正逐渐成为我国创新体系的主体。高校的科研人员是高校创新中的中坚力量，如何对高校科研人员作出公平、公正、公开而且具有前瞻性、创新性的科研薪酬评价和激励机制，也就成了衡量高校科研品质的标尺。

科研人员对薪酬的满意程度主要体现在科研人员对薪酬制度设计、科研成果奖励办法、科研成果年终考核制度等。

4. 科研人员职业晋升条件

党的十九大报告提出，培养造就一批具有国际水平的战略科技人才、科技领军人才、青年科技人才和高水平创新团队是建设创新型国家和世界科技强国的必然要求。因而，在高校科研人员的职位晋升上考虑科研成果水平是一重要性要素。经过调查，不少高校将高级职称在科研方面的晋升条件设定为与科研成果挂钩，如发表论文被 SCI、EI、SSCI、A&HCI、CSSCI 来源期刊、新华文摘（全文）、高校文摘（全文）、中国社会科学文摘（全文）、人大复印资料（全文）收录情况，主持完成国家级资助项目或省（部）级科研重点资助项目情况，获得国家级、省（部）级科研成果奖情况，取得国家授权发明专利或制定国家标准数量等。

（三）科研满意度预算绩效指标体系设计

科研预算满意度预算绩效指标包含科研管理水平、科研工作环境、科研人员薪酬水平、科研人员职业晋升条件四方面内容，这四方面内容反映社会各个层面对高校在科研强国中的满意程度。指标体系同样分目标层、准则层和指标层三个层次。据以上内容，我们构建高校科研满意度预算绩效评价指标体系，如表 7-4 所示。

表 7-4　高校科研满意度预算绩效评价指标体系

目标层	准则层	指标层
科研满意度	科研管理水平	高校对科研工作的重视程度
		科研整体规划
		科研部门服务态度
		科研经费管理
		科研成果管理

续表

目标层	准则层	指标层
科研满意度	科研工作环境	线上线下文献资源
		实验室装备
		科研工作场所
		学术科研氛围
	科研人员薪酬水平	薪酬制度设计
		科研成果奖励办法
		科研成果年终考核制度
	科研人员职业晋升条件	晋升条件与科研成果挂钩
		发表论文被SCI、EI、SSCI、A&HCI、CSSCI来源期刊、新华文摘（全文）、高校文摘（全文）、中国社会科学文摘（全文）、人大复印资料（全文）收录情况
		主持完成国家级资助项目或省（部）级科研重点资助项目情况
		国家授权发明专利
		制定国家标准
		当前职级工作年限

第三节　高校社会服务预算绩效评价指标构建

在知识经济飞速发展的今天，中国高等教育进入了一个新的发展阶段，国家要求大学的科学研究和人才培养工作要更加紧密地贴合社会发展需求，并为社会主义现代化国家建设和中华民族的伟大复兴提供有效服务，由此，产生了高等教育的社会服务功能。

一、社会服务职能的履职困惑

1. 社会服务职能的认识不到位

社会服务与教学、科研一样，同属于高等教育的重要职能之一。通过对高校教师、学生和社会公众的访谈得知，当前仍然有不少人认为高校的教学和科研工作是大学教育的职能所在。如果一名大学教授不去办公司，不做大量的横向课题，即使你的教学及纵向科研做得中等偏下，大家普遍会认为你是一名敬业的好教师；如果你在学校里教学、科研都干得非常出色，但是只要你办公司，承接企业急需的横向课题，即使你社会服务做得再好，仍然有不少人认为你是一名不务正业的教师。

在这样一个社会大环境中，教师们自然是谨小慎微，不敢投入到社会服务生产活动中，高等教育的社会服务职能难以得到充分发挥，从而大幅度降低了我国高等教育服务社会主义现代化国家建设和中华民族的伟大复兴的效能。

2. 科研成果转化的内在动力不足

当前，高校的社会服务职能着重于大学的社会责任和义务，缺少对科研成果资本化的明确规定，知识生产也没有与研究者个体利益或高校发展直接关联。同时，高校科研人员日常忙于教学、申请各类奖项和基金项目，没有时间和精力去满足社会需求。以上种种，皆造成高校教师缺乏将科研成果进行转化的内在动力。

二、社会服务贡献度预算绩效评价指标

（一）社会服务贡献度的含义

社会服务是高校的科学研究和人才培养工作紧密贴合社会发展需求，并为社会主义现代化国家建设和中华民族的伟大复兴提供有效服务的功能，它包括人才培养、科学研究以及直接满足社会需求所提供的社会服务。

社会服务贡献度就是高等教育依靠自身的职责和能力，在社会主义现代化国家建设和中华民族的伟大复兴征程中，在满足社会需求方面所作出的贡献。为衡量高校社会服务贡献度，运用扎根理论和借鉴国内外先进做法，设计了调查问卷（见附件7-5），将社会服务贡献度从社会服务人员数量、社

会服务经费、社会服务（平台）基地、社会服务效果四方面进行考量。

（二）社会服务贡献度的内容

1. 社会服务人员数量

社会服务人员数量是高校履行社会服务职能的重要基础。社会服务的主要形式就是通过高校拥有的优质科研人员，凭借其掌握的优势资源，以有偿或无偿的方式，为急需此方面需求的人员或组织机构提供社会服务，提高高校社会服务的贡献度。具体评价指标有校外挂职人数、对外培训人数、社会服务人员数量等。

2. 社会服务经费

随着国家对高校社会服务经费投入的不断增加，服务经费收入已经成为高校的一项重要资金来源。上级补助和协同服务机构的资金支持，同样也是大学开展社会活动的关键要素。高校社会服务质和量在很大程度上受到经费数量的影响。社会服务经费评价指标主要有产学研教育经费拨款、产学研低息贷款、产学研财政补贴、社会实践专项基金、协同创新专项基金、助学金总额、奖学金总额等。

3. 社会服务（平台）基地

社会服务平台是高校通过长期社会实践，逐渐与企业、政府、事业单位建立起来的沟通纽带，反映了高校利用社会服务平台，凭借学科优势、人才优势、科研设备优势等进行的人才培养和社会服务能力。社会（平台）基地评价指标主要有校企合作实践基地数量、社会实践服务中心占地面积、社会服务平台数量等。

4. 社会服务效果

社会服务效果是高校在履职社会服务职能时，通过投入社会服务人员、经费，搭建社会服务（平台）基地，为企业、政府、事业单位提供科技指导和专业咨询服务的产出效益。社会服务效果评价指标主要包括产学研项目数量、产学研项目成果质量、培训企业人员成果、向政府提供决策咨询报告的份数、决策咨询报告入选国家级成果、决策咨询报告入选政府部门的专家建议数、接受决策咨询报告的层级、政府（企业）挂职人员数量、政府挂职人员工作期限、提供社会教育活动数量、提供社会教育活动质量、社会服务（平台）基地成效等。

（三）社会服务贡献度预算绩效指标体系设计

社会服务贡献度预算绩效指标包含社会服务人员数量、社会服务经费、社会服务（平台）基地、社会服务效果四方面内容，指标体系同样分目标层、准则层和指标层三个层次。其中社会服务人员数量，社会服务经费、社会服务（平台）基地反映的是高校在履行社会服务职能时的投入情况，属于投入型指标，而社会服务效果反映的是高校在社会主义现代化国家建设和中华民族的伟大复兴大业中提供的有效服务，属于产出型指标。据以上内容，构建高校社会服务贡献度预算绩效评价指标体系，如表 7–5 所示。

表 7–5　高校社会服务贡献度预算绩效评价指标体系

<table>
<tr><th>目标层</th><th>准则层</th><th>指标层</th><th>指标类型</th></tr>
<tr><td rowspan="18">社会服务贡献度</td><td rowspan="3">社会服务人员数量</td><td>校外挂职人数</td><td rowspan="12">投入型</td></tr>
<tr><td>对外培训人数</td></tr>
<tr><td>社会服务人员数量</td></tr>
<tr><td rowspan="7">社会服务经费</td><td>产学研教育经费拨款</td></tr>
<tr><td>产学研低息贷款</td></tr>
<tr><td>产学研财政补贴</td></tr>
<tr><td>社会实践专项基金</td></tr>
<tr><td>协同创新专项基金</td></tr>
<tr><td>助学金总额</td></tr>
<tr><td>校企合作实践基地数量</td></tr>
<tr><td rowspan="2">社会服务（平台）基地</td><td>社会实践服务中心占地面积</td></tr>
<tr><td>社会服务平台数量</td></tr>
<tr><td rowspan="6">社会服务效果</td><td>产学研项目数量</td><td rowspan="6">产出型</td></tr>
<tr><td>产学研项目成果质量</td></tr>
<tr><td>培训企业人员成果</td></tr>
<tr><td>决策咨询报告的份数</td></tr>
<tr><td>决策咨询报告入选国家级成果</td></tr>
<tr><td>决策咨询报告入选政府部门的专家建议数</td></tr>
</table>

续表

目标层	准则层	指标层	指标类型
社会服务贡献度	社会服务效果	接受决策咨询报告的层级	产出型
		挂职人员数量	
		挂职人员工作期限	
		提供社会教育活动数量	
		提供社会教育活动质量	
		社会服务（平台）基地成效	

三、社会服务满意度预算绩效评价指标

（一）社会服务满意度的含义

高校的科学研究和人才培养工作紧密贴合社会发展需求，并为社会主义现代化国家建设和中华民族的伟大复兴提供有效服务。这些社会服务职能的履行既有经济方面的，又有社会的、政治的、文化的和教育方面的；既有有偿的，也有无偿的。高校在对外提供社会服务过程中，相关的企业、行政事业单位、社会公众等对高校社会服务活动的评价就是社会服务满意度。

社会服务是高校向社会提供具有学术特质的服务。高校是培育青年科技人才的主阵地，高质量的教学活动是培育人才的重要保证。高校在输送高质量人才的过程中，与之相关的学生家长、用人单位、社会公众、教师同行、政府相关部门等形成对高校教学活动的评价就是社会服务满意度。社会服务职能履行质量的高低又具体体现在决策咨询、对外教育培训、科研成果转化等方面。因此，社会服务满意度，主要从决策咨询、科研成果转化、对外教育培训三方面进行评价。

（二）社会服务满意度的内容

1. 决策咨询

决策咨询是高校教师利用所掌握的相关学科专业知识和政策性知识，为党和政府及企事业单位在事关政治、经济、文化、社会等领域决策中提供理论支持，提出具有启发性、针对性对策建议的应用性政策研究性成果。从一般意义上看，高校决策咨询成果形式多样、类别之间差异大，既有研究性强的专项课题研究报告、咨询报告、调研报告、决策研究论文、

经济社会发展规划、公共政策建议方案等，也有为相关产业和企事业单位提供相应的技术支持，对其进行考量主要从决策咨询的服务定位、决策咨询成果形式两方面进行。

2. 科研成果转化

（1）企业科研需求与高校科技成果转化的症结分析

企业在研发项目选择和投入上极其慎重的原因，一是研发回报周期长；研发人员劳动报酬激励不足。导致企业研发人员匮乏，特别是中小企业无法组建研发团队，从而放弃研发投入。二是研发时间成本、人员配置、资金投入消耗巨大。

高校科技成果转化的症结，一是缺乏懂市场的人才，缺少市场信息，研发成果市场价值不高。高校相对封闭，不能及时获取市场最新动态与企业对接，研发方向与市场契合度低，研发成果缺乏市场认可。导致科技成果与市场脱节，高校科研趋于被动，市场问题既不能很好解决，又浪费了高校科研资源。二是缺乏专业的第三方机构，对接科技成果转化。高校运营科技成果转化缺少市场经验，社会上从事对接的专业的第三方商业机构更是凤毛麟角，无法实现规模化对接，造成转化效率偏低。

（2）政府与高校定期沟通机制及具体方案

高校和企业之间存在鲜明的供需关系。如何打通科研技术这一特殊产品的供需市场，消除信息壁垒，形成融洽的市场环境，需要政府利用指导职能，引导双方对接、交流，发挥“润滑剂”的作用。在社会第三方商业机构承接开展此类业务后，政府职能部门退出实操只发挥监管职能。

政府以公益的形式帮助高校科研院所与企业实现对接，建立定期沟通机制，有利于促进供需双方的合作交流进入一种良性循环。针对定期沟通机制，具体建议如下。

首先，将本地高校院所技术成果汇编成册，同时递送企业技术需求册给高校院所科技成果处（每年 1 次）。用好高校科研资源，加强“区校融合”。一些大学和企业之间、和所在城市之间分属不同条块，二者合作存在一定障碍，有些资源很难激活，有些合作受到限制。因此，解放思想，打破高校与企业之间、与城市之间的界限，充分发挥科技研发与应用落地的能力，才能真正实现高质量发展。

其次，建立企业创新联盟机制。创新引领、协同发展的产业体系，实现实体经济、科技创新、现代金融、人力资源协同发展，使科技创新在实体经济发展中的贡献份额不断提高；加强创新体系建设，强化战略科技力量，坚持以科技力量推动传统产业优化升级，推动传统制造业的智能化发展，实现科技创新和经济社会发展深度融合。

再次，建设知识产权保护和运营中心。利用已有优势，加快建设知识产权保护和运营中心，构建重点产业知识产权运用和快速协同保护体系，进一步优化创新创业创造生态环境，打通知识产权创造、运用、保护、管理、服务全链条。精准、快速打击专利侵权假冒行为，缩短相关领域专利授权周期，提高知识产权审查、确权、维权等工作水平，为科技创新加速发展提供支撑。优化知识产权公共服务，促进新技术、新产业、新业态蓬勃发展，充分释放全社会创新创业创造潜能。要充分发挥政府作用，组织工商、技术监督、知识产权等部门对市场经营情况进行监督检查，严厉查办假冒伪劣、侵犯知识产权的生产经营行为，营造“尊重劳动、尊重知识、尊重人才、尊重创造”的良好氛围。

最后，定期举办科研成果交流对接会或论坛，实现企业与科研人员面对面交流（每年 1~2 次）。立足共性技术领域，从企业和大学、科研机构现有的重点实验室、工程技术中心中确定一批作为公共技术平台给予支持，根据实际需要新建高新技术的公共技术平台，并继续鼓励企业与高校或科研机构开展技术合作。

经过以上分析，科研成果转化考量指标主要有科技成果转化数量、科技成果转化金额、产学研融合得分等。

3. 对外教育培训

高校是我国现代建设人才的培养基地。高校可以充分发挥学科优势、科研优势、师资优势、教学资源优势、创新资源优势和校园文化、学术氛围等优势，通过周期短、针对性强、见效快的继续教育为地方政府、企业管理人员和各类专业技术人员开展培训、指导工作。

在人才培养方式上，采用委托培训（学员来校培训）和就地培训（学校派出师资送教上门）相结合的方式。在学科、专业和课程设置上，做到针对性、实用性和先进性相结合，不断调整培训内容和专题设置，使理论与实践结合更加紧密。在培训内容上与学校科技成果介绍、项目合作洽谈有机结合，经常请校科技处、科教兴农办和有关学院介绍学校的科技成果、新技术等内容，并开展项目合作洽谈。高校通过对外指导培训，运用各种手段，提高整个社会的创业能力、管理能力，进而提高生产效率和生产水平，为社会进步贡献自己的能量。其考核指标主要有专业设置、培训方式、师资力量等。

（三）社会服务满意度预算绩效指标体系设计

社会服务满意度预算绩效指标包含决策咨询、科研成果转化、对外教育培训三方面内容，指标体系同样分目标层、准则层和指标层三个层次。据以上内容，我们构建高校社会服务满意度预算绩效评价指标体系，如表7-6所示。

表 7-6 高校社会服务满意度预算绩效评价指标体系

目标层	准则层	指标层
社会服务满意度	决策咨询	决策咨询的服务定位
		决策咨询成果形式
	科研成果转化	科技成果转化数量
		科技成果转化金额
		产学研融合得分
	对外教育培训	专业设置
		培训方式
		师资力量

第四节 高校文化传承与创新预算绩效评价指标构建

2017年2月，中共中央、国务院印发《关于加强和改进新形势下高校思想政治工作的意见》中强调指出，“高校肩负着人才培养、科学研究、社会服务、文化传承创新、国际交流合作的重要使命”。文化是民族内在凝聚力的外在体现，更是民族乃至国家生存和发展的内在推动力。高校的文化传承与创新，是指高校对民族、国家乃至人类文化的继承、吸收和创造发展，包括高校对文化的收集整理、存储、分析总结、传授传播、宣传推广、创造提升等活动及其成果。高校在文化传承与创新中具有非常重要的地位和作用。文化传承与创新为高校基本职能的观念已成为共识。深入探讨高校历史与现实的文化传承与创新关系，文化传承与创新职能与其他基本职能之间的关系，大学文化传承与创新和社会经济、政治及人的发展的关系，对自觉地认识和践行高校文化传承与创新职能具有重要意义。

一、文化传承与创新贡献度预算绩效评价指标

（一）文化传承与创新贡献度的含义

当今社会，文化、政治、经济相互融合的程度不断加深，经济的文化含量，文化的政治、经济功能不断提升，文化已经成为一国的软实力，成为核心竞争力的重要构成要素，甚至成为维护国家利益和安全的重要精神武器。基于文化在社会发展中越来越重要的地位和作用，文化传承与创新已由高校的一般性职能跃升为高校的基本职能。高校的现实文化传承与创新源于历史文化传承与创新，是对历史文化传承与创新的延续、发展和升华。我国高校的文化传承与创新职能是提高高等教育质量的重要一环，是国家文化发展战略的重要组成部分。

文化传承与创新贡献就是高等教育依据自身的职责和能力服务国家战略、服务经济社会发展、服务人类命运共同体在积极发挥文化育人作用，加强社会主义核心价值体系建设，对前人积累的文化成果，扬弃糟粕，创建新识，并加以传播，延续至子孙后代，不断培育崇尚科学、追求真理的思想观念，提高文化传承与创新等方面所作出的贡献。

（二）文化传承与创新贡献度的内容

一般从文化传承与创新人力、文化传承与创新经费投入、多元文化交流平台、文化成果四方面进行考量。

1. 文化传承与创新人力

文化传承与创新是一项持久的、系统的工作，需要对前人积累的文化成果进行扬弃、创建、传播、延续等。这一系列工作都需要投入大量的人力资源，如培训出色的文化传承工作人员、组建强大的文化传承与创新工作团队、搭建多元文化交流平台、加强国内外文化传承与创新工作人员沟通交流等。高校为文化传承与创新投入的人力资源量越大，就越有可能取得优秀的传承与创新成果。文化传承与创新人力考量指标一般有体制内及社会挂职人

员数量、体制内及社会外聘专家数量、聘请外国专家数量、高校从事文化传承与创新人员数量和高校从事文化传承与创新专家数量等。

2. 文化传承与创新经费投入

随着国家对高校文化传承与创新工作的日趋重视，相应的经费拨付已经成为大学开展文化传承与创新工作主要资金来源，成为高校开展文化传承与创新的重要物质保障。高校研究经费投入主要体现在政府投入文化传承与创新经费、社会捐赠文化传承与创新经费、企事业单位委托文化传承与创新经费、文化传承与创新经费总额、文化传承与创新经费投入年增长率等方面。

3. 多元文化交流平台

高校作为社会文化建设的主要阵地，日常在自由的氛围中进行学术研究，在开放的环境中实现科学的创新与发展。在文化传承与创新方面，大家既要注重我国自身文化建设，使之成为主导和引领中国特色社会主义先进文化的重要力量，又要兴建多元文化交流平台，与国内外进行沟通和交流，吸收其精华，提升文化传承与创新的高度。多元文化交流平台考量指标主要有文化传承与创新交流平台、共建研究平台、国家级重点研究室、省部级重点研究室等。

4. 文化成果

文化传承与创新的结果需要通过相应的形式保存下来，才能发挥其传承的目的。通过大量人、财、物的投入所形成的成果，若需要传承下去，则必须通过一定的介质，如论文、研究报告、图书、音像、图片、实物等形式来达到文化传承的效果。

（三）文化传承与创新贡献度预算绩效评价指标体系设计

文化传承与创新贡献度预算绩效指标体系分目标层、准则层和指标层三个层次。目标层是文化传承与创新贡献度；准则层含文化传承与创新人力、文化传承与创新经费投入、多元文化交流平台及文化成果四个方面；指标层又是用多个具体指标反映某一准则层指标。文化传承与创新人力、文化传承与创新经费投入、多元文化交流平台反映的是高校在文化传承与创新上的投入情况，属于投入型指标，而文化成果反映的是高校在文化传承与创新上的产出情况，属于产出型指标。据以上内容，构建高校文化传承与创新贡献度预算绩效评价指标体系，如表 7-7 所示。

表 7-7　高校文化传承与创新贡献度预算绩效评价指标体系

目标层	准则层	指标层	指标类型
文化传承与创新贡献度	文化传承与创新人力	体制内及社会挂职人员数量	投入型
		体制内及社会外聘专家数量	
		聘请外国专家数量	
		高校从事文化传承与创新人员数量	
		高校从事文化传承与创新专家数量	
	文化传承与创新经费投入	政府投入的文化传承与创新经费	
		社会捐赠文化传承与创新经费	
		企事业单位委托文化传承与创新经费	
		文化传承与创新经费总额	
		文化传承与创新经费投入年增长率	
	文化交流平台	文化传承与创新交流平台	
		共建研究平台	
		国家级重点研究室	
		省部级重点研究室	
	文化成果	人文社科发表论文数量	产出型
		自然科学发表论文数量	
		人文社科研究省部级成果奖	
		国家级重点研究室成果转化	
		省部级重点研究室成果转化	
		文化传承与创新交流平台成果转化	
		共建研究平台成果转化	
		省部级重点研究室成果转化	
		文化传承与创新专著数量	
		文化传承与创新音像制品数量	
		文化传承与创新实物数量	

二、文化传承与创新满意度预算绩效评价指标

（一）文化传承与创新满意度的含义

高校的文化传承与创新与高校的教学、科研、社会服务等职能是密不可分的，一方面文化传承与创新是高校教学、科研、社会服务的基础途径和手段，另一方面高校的教学、科研、社会服务又是文化传承与创新的重要方式和表现形态，因此，高校文化传承与创新满意度就是相关的企业，行政事业单位、社会公众等社会各界对高校在履行文化传承与创新职能的评价，具体包括文化传承与创新对教学、科研、社会服务三方面的满意度。

（二）文化传承与创新满意度的内容

1. 文化传承与创新对教学的满意度

高校的文化传承与创新是教学的基础和实现方式。教学职能是高校的最基本职能。每一所高校都有独特的教学特色，这就是高校凭借其文化传承与创新所带来的独特的人才培养模式，通过文化传承与创新让大学生了解和分辨历史、社会和时代的主流思想文化，逐步形成科学的世界观、人生观、价值观，掌握总结问题、分析问题和解决问题的方法，为社会主义事业培养高素质的建设人才。所以文化传承与创新是高校高质量教学活动的前提和支撑条件，是教学满意度获得的前提条件。其考量指标的设置主要从高校各级部门对文化传承与创新的重视程度，相关激励制度的制定与履行等方面进行构建。

2. 文化传承与创新对科学研究的满意度

高校的文化传承与创新同样也是其科学研究的基础和实现方式，高校的科研职能是文化传承与创新职能的重要体现。文化传承与创新为科学研究提供了方法论指导和背景知识文化资料。科学研究活动是依据文化传承所提供的思想文化资料和方法论指导所实现的一系列创新，包括原始创新、分散创新、引进吸收、再创新等。可见，高校的科学研究是文化传承与创新的最重要方式，其中创新的领域涵盖先进技术、基础理论、社会心理、政治法律思想、道德、宗教、文学艺术、哲学、文化传承等多方面的创新。高校的科研成果是文化传承与创新中璀璨的部分，对我国社会的高质量发展发挥了重要的促进作用。所以文化传承与创新是高校高质量科研

活动的前提和支撑条件，是科研满意度获得的前提条件。

3. 文化传承与创新对社会服务的满意度

高校的文化传承与创新是履行社会服务职能的资源基础和实现方式。高校利用其人才优势、人文思想优势、科技优势提供社会服务，进而推动社会的文明进步。显而易见，这种推动力量来源于文化传承与创新，即社会服务是文化传承与创新带来的结果。通过文化传承与创新而形成丰富的思想文化资源，自然科学资源通过社会服务应用到社会各个领域，促进社会、政治、经济在传承与创新中不断向前发展。要提高社会各界对高校社会服务的满意度，就首先要履行高校的文化传承与创新职能。

（三）文化传承与创新满意度预算绩效评价指标体系设计

文化传承与创新满意度预算绩效指标包含文化传承与创新对教学的满意度、科研的满意度和对社会服务的满意度三方面内容，指标体系同样分目标层、准则层和指标层三个层次。据前述内容，构建高校文化传承与创新满意度预算绩效评价指标体系，如表 7-8 所示。

表 7-8　高校文化传承与创新满意度预算绩效评价指标体系

<table>
<tr><th>目标层</th><th>准则层</th><th>指标层</th></tr>
<tr><td rowspan="11">文化传承与创新满意度</td><td rowspan="3">对教学的满意度</td><td>学校对文化传承与创新的重视程度</td></tr>
<tr><td>学院对文化传承与创新的重视程度</td></tr>
<tr><td>学校相关激励制度的完善程度</td></tr>
<tr><td rowspan="4">对科研的满意度</td><td>文化传承与创新成果国家级奖励</td></tr>
<tr><td>研究平台硬件条件</td></tr>
<tr><td>图书馆资源配置</td></tr>
<tr><td>文化传承与创新研究氛围</td></tr>
<tr><td rowspan="4">对社会服务的满意度</td><td>文化传承与创新成果和教师晋升机制</td></tr>
<tr><td>行政事业单位委托数量</td></tr>
<tr><td>企业委托数量</td></tr>
<tr><td>共建研究平台研究数量</td></tr>
</table>

第五节　高校国际影响力预算绩效评价指标构建

高等教育的发展水平与质量，反映一国高等教育的综合水平和影响力。在当今知识经济时代，各国均在加快高等教育的发展，以提高自身的综合国力和国际影响力，从而保障在激烈的国际竞争中占有一席之地。改革开放以来，中国的高等教育实现了跨越式发展，已建成世界上规模最大的高等教育体系，有力地支撑了中国经济社会的发展和国际综合国力的提高，已开启向高等教育强国迈进的新征程。

一、高等教育国际影响力概述

依托综合国力的强有力支撑，基于"人类命运共同体"理念引领，我国在国际舞台上正扮演着越发重要的角色。在政策目标与社会需求的持续更新下，高等教育作为推进中国式现代化的龙头，与社会经济发展的关联性逐渐增强，服务于国家战略规划的能力进一步提升。通过国际化道路激活发展潜能，逐渐成为未来高等教育发展的必然趋势和核心指向。

（一）高等教育国际影响力的目标

高等教育对外开放是我国高等教育现代化的鲜明特征和重要动力。高等教育国际化具有充分的现实基础。现代大学在履行人才培养、科学研究、社会服务以及文化传承与创新的职能职责之时，亦能够成为在国际社会舞台中彰显国家"硬实力"和"软实力"的重要窗口，即国际影响力。高等教育对外开放新高地的建设与国家战略需求息息相关，承载着国家在未来发展的重大使命要求。高等教育国际化具有丰富的国际经验可资借鉴，如俄罗斯以提升大学国际化水平为目的的"5—100 计划"使其学校与学科的国际排名得到大幅提升，大学科研成果增长率超世界平均水平，高等教育世界影响力显著扩大；加拿大政府制定的各项高等教育国际战略政策使留学加拿大的学生人数显著增长，使加拿大成为全球第三大留学生目的地国，提高了加拿大高等教育课程国际化、科研国际化和学位教育国际化水平。各国的诸多革新举措及其成效证实了经济全球化背景下，国际化已然成为世界高等教育的主流改革趋势。为了立足于国家需求、服务于社会发展，我国高等教育需要保持更强的使命意识，明确国际化道路的根本遵循、核心指向与结构属性，使国际化愿景落实为具体可行的目标任务。

1. 扎根中国大地，打造世界一流

随着国际竞争的日趋激烈，文化正逐渐成为决定国家影响力的核心要素，并促使扎根中国大地成为我国高等教育高水平国际化的根本要求。扎根中国大地、融合中国文化不仅是对世界先进的办学治学经验的辩证取舍，是对高水平人才培养规律的实践遵循，而且也是展现大学服务于中国发展的态度的题中应有之义。处在特定的历史方位，现代大学亟须保持更强的使命意识，坚持中国道路，回馈国家需求，将扎根中国大地作为建设中国特色高等教育体系的根本遵循。

2. 增强国际影响，实现人才集聚

我国高等教育发展不过百余年历史，具有典型的后发优势。发展至今，高校肩负培养高质量人才的使命，需要在人才与科技竞争中展现更多的中国特色与独创性，改变原有的一味对标现有国际化评价指标的改革和发展取向，让高等教育根植于本土情境，融合文化特质，探索独特且适切的发展模式，以增强我国高校的国际影响力。

3. 立足需求转变，促进内外循环

高等教育的国际化进程需要置于开放包容的生态之中，与其所在的政治、经济、贸易格局同频共振、深度交融。尤其是在当今形势下，国际大循环动能呈现明显减弱的趋势，过分倚重国际循环的外向型经济已难以适应我国现阶段发展需求。立足于国内需求，以“内循环”为主体，促进“双循环”是适应我国新发展阶段、新发展环境、新发展条件的正确选择。目前，高等教育呈现出高度开放融合的发展趋势，极为倚重国际优质教育资源的共享互补，从最为基本的留学生教育、最为激烈的国际人才竞争，到各种创新型跨国教育与科研合作，无一不需要各种国际化要素资源的支撑。在人才竞争逐渐激烈的当下，面对复杂多变的国际局势，高校需要进行更高水平、更高质量的高等教育对外开放，通过优势领域产生对外引导力，通过办学理念和声誉产生对外感召力，通过学术话语产生对外话语权影响力和高等教育国际议题设置能力，使高等教育积极回应国家和社会需求，在深度融入“双循环”新发展格局中推进国际化进程。

（二）高等教育国际化进程中的现实挑战

伴随着我国大学综合办学实力和办学影响力的持续提升，我国高等教育在国际化办学领域已取得丰富的实践经验。然而目前，外部的逆全球化思潮与科技封锁现象破坏着我国高等教育国际化的发展环境，制约了我国高等教育国际化进程，我国高校的国际影响力、学术话语权和议题设置能力与自身的大国地位的匹配程度仍需进一步提高。现今，我国高等教育国际化进程中遭遇的现实挑战主要有以下 3 个方面。

1. 一些西方国家对我国的科技封锁现象持续加剧

逆全球化思潮与高等教育国际化的目标愿景和发展逻辑背道而驰，破坏了我国高等教育国际化进程的外部生态。为此，我国在不断推动优质教育资源引入、加强科研国际化交流合作的同时，始终重视释放全球化的正面效应。一些西方国家为遏制我国发展，恶意打压和遏制我国以科技发展为目的的跨境学术交流，且该行为还将在较长时间范围内持续。

2. 高校国际化制度规划与管理水平亟须强化

世界一流大学建设的历史经验表明，基于制度的软实力建设是大学国际化的必由之路。2010 年国务院审议通过的《国家中长期教育改革和发展规划纲要（2010—2020 年）》就已对中国现代特色大学作出包括完善治理结构、加强章程建设、扩大社会合作与推进专业评价在内的发展要求。高校的制度规划与管理水平将作为一种渗透性力量，通过学校规章文本、教学科研氛围以及资源配置方式等方面直接或间接地影响部门和师生参与国际化进程的意愿。然而我国高校对外开放的广度、深度，国际化发展的层次、水平都有待完善。特别是在输出国内优质高等教育资源、引进优秀外籍人才和来华留学生毕业后就业、国际化水平的自我评估等方面，存在较明显的政策缺口。另外，在长期开展国际化办学相关工作的过程中，高校各部门在积累了一定的实践经验后易形成惯性思维，并因此出现因路径依赖而产生的效率低下现象。

3. 国际化要素赋能层次有待提升

为实现更加广阔和深层次的对外开放，高校应着力于改革育人模式、提升人力资本水平、充分发挥内需潜力，以此畅通内循环堵点，开创国际大循环新局面的突破口，最终培植自身在国际化发展中的内源性动力。教师是高校国际化活动开展的行为主体，学生代表着高校国际化发展的成效，师资发展水平与留学生比例结构作为国际化的关键要素，体现了大学国际化赋能我国新发展格局的水平。国际教师比例和国际学生比例通常用来衡量大学的国际化水平，体现了高校在全球范围内的吸引力和影响力。然而目前，我国大学在留学教育和国际化师资队伍建设方面仍存在诸多现实问题。第一，我国高校国际师资存在专业配置不均衡、校间不均衡和年龄结构不均衡的问题。第二，留学生教育是高等教育国际化发展最传统的模式，全球留学生的整体流动方向以流入英语国家为主，发展中国家向全世界输出了绝大部分的留学生。虽然近年来，来华留学生数量虽然整体明显提升，但我国大学的留学生以语言生和短期留学生为主，且亚洲生源占主体，学历教育留学生占比仍然偏低。同时，来华留学教育项目质量欠佳，从教育教学到管理服务缺乏规范性，国际学生教育项目的整体质量难以达到预期效果。以上内容无不说明我国高校国际化要素赋能层次有待提升，高校教育国际影响力有待持续扩大。

二、国际影响力贡献度预算绩效评价指标

（一）国际影响力贡献度的含义

高等教育国际化是指各国高等教育在面向国内的基础上，日益注意面向世界的发展趋势。这是社会、经济、科学、技术发展的需要与必然结果，有利于各国利用国外资源，促进本国高等教育的发展。高等教育国际化现象在全世界高等教育呈现普遍现象。在国际化进程中，很多高校拓展了跨地区、跨国业务，旨在培养出具有世界级战略眼光的学生。

国际影响力贡献度就是高等教育依据自身的职责和能力服务于国家战略、服务经济社会发展、服务人类命运共同体，在高等教育国际化进程中，逐渐形成“走出去”与“引进来”双向发展道路，为培养出具有世界级战略眼光和加强国际学术交流方面所作出的贡献。

中国高校在摸索发展的过程中，通过政府引导和学校主动作为相结合，开展了形式多样的国际化实践活动，逐渐形成“走出去”与“引进来”双向发展道路。

（二）国际影响力贡献度的内容

高等教育国际影响力主要体现在国际化师资力量、国际化财政投入、国际化教育交流平台和国际影响力产出效果四个层面。为衡量高校国际影

响力贡献度情况，运用扎根理论和借鉴国内外先进做法，设计了调查问卷（见附件7-9），将国际影响力贡献度从国际化师资力量、国际化财政投入、国际化教育交流平台和国际影响力产出效果四方面进行考量。

1. 国际化师资力量

师资是高校人才培养、科学研究、社会服务和文化传承与创新的基础，师资力量的国际化程度是高校国际化战略的前提条件。

对高校而言，拥有国际顶级人才是高校教学、研究能力的真实反映。世界一流大学都具有世界一流的师资队伍，而要建设世界一流的师资队伍，就必须在全球范围内广招贤才。例如，美国的哈佛大学、斯坦福大学等著名高校，每年都要接受数千名外籍教师和学者访问，也非常重视教师的国际合作与学术交流。我国高校为提高办学层次，可以通过引进本国在海外就职、求学的高层次人才来校任教；也可以通过招聘海外国际性、高层次人才来校任教；另外还要注重对自有师资水平进行进一步提高，将学校教师送出去培养，力争把我国高校办成国际化的高等学府，在世界大学中奠定自己的学术地位。国际化师资力量的考量指标一般有引进国际性高水平海外人才人数、有国际知名学术机构就职经历教师人数、取得国外知名高校博士学位教师人数、聘请海外知名院校教授作为客座教授人数、具有国际化背景的专职教师人数、博士学位教师人数、硕士学位教师人数等。

2. 国际化财政投入

我国高校建设资金主要来源于财政投入。在注重国际化发展方面，来源于财政的支持是提高高校国际影响力的有力支撑和重要保证。考量国际化财政投入主要包括本年基建完成投资总额、教育经费拨款（国家教育经费拨款和地方教育经费拨款）、教育发展基金收入、上级补助收入、下级单位上缴收入、留学生均教育费用、留学生均奖学金、助学金数额、外教平均年收入等指标。

3. 国际化教育交流平台

国际化教育交流平台的建立有助于学术、教育国际交流与合作现状，由以往的单向“引进来”向“引进来与走出去”相结合的双向发展转变。通过国际化教育交流平台，把我国的教育文化传播出去，在国际舞台上提高我国高等教育的地位及国际影响力。国际化教育平台的投入主要包含中外合作办学、校舍、土地等多个方面。

中外合作办学是指中国教育机构与外国教育机构依法在中国境内合作举办以中国学生为主要招生对象的办学模式。校舍包括行政用房数量、教学用房数量及其他用房数量。其他用房数量是根据每所大学的实际情况确定的。土地的主要衡量指标是占地面积。

4. 国际影响力产出效果

高校的国际影响力的提高取决于国际化师资力量、国际化财政支持和国际化教育交流平台实施结果，是国际化师资力量、国际化财政支持和国际化教育交流平台大学产出。结合高校的特征，这种产出就是科研产出与人才培养产出。其考量指标主要有 ESI 前 1% 的学科数、ESI 论文总数、ESI 论文被引总数、ESI 论文平均被引次数、本硕博毕业人数、长江学者人数、两院院士人数、美国等发达国科学院院士数量、学科带头人数、学生论文发表数、国际竞赛获奖数等。

（三）国际影响力贡献度预算绩效评价指标体系设计

国际影响力贡献度预算绩效指标体系分目标层、准则层和指标层三个层次。目标层是国际影响力贡献度；准则层含国际化师资力量、国际化财政投入、国际化教育交流平台和国际影响力产出效果四个方面；指标层又是用多个具体指标反映某一准则层指标。国际化师资力量、国际化财政投入、国际化教育交流平台反映的是高校在提高国际影响力上的投入情况，属于投入型指标，而国际影响力产出反映的是高校在国际化人才培养、人才引进、学术交流上的产出情况，属于产出型指标。据以上内容，构建高校国际影响力贡献度预算绩效评价指标体系如表 7-9 所示。

表 7-9 高校国际影响力贡献度预算绩效评价指标体系

目标层	准则层	指标层	指标类型
国际影响力贡献度	国际化师资力量	引进国际性高水平海外人才人数	投入型
		有国际知名学术机构就职经历教师人数	
		取得国外知名高校博士学位教师人数	
		聘请海外知名院校教授作为客座教授人数	

续表

目标层	准则层	指标层	指标类型
国际影响力贡献度	国际化师资力量	具有国际化背景的专职教师人数	投入型
		博士学位教师人数	
		硕士学位教师数量	
	国际化财政投入	本年基建完成投资总额	
		教育经费拨款： 国家教育经费拨款 地方教育经费拨款	
		上级补助收入	
		下级单位上缴收入	
		留学生均教育费用	
		留学生均奖学金	
		助学金数额	
		外教平均年收入	
	国际化教育交流平台	中外合作办学学校占地面积	
		国际教学科研场所面积	
		行政办公用房面积	
		留学生生活用房面积	
		教室面积	
		图书馆面积	
		实验实习场所面积	
	国际影响力产出效果	ESI 前 1%的学科数	产出型
		ESI 发表论文总数	
		ESI 论文被引总数	
		ESI 论文平均被引次数	
		本硕博毕业人数	
		“长江学者”人数	
		两院院士人数	
		美国等发达国科学院院士数量	

续表

目标层	准则层	指标层	指标类型
国际影响力贡献度	国际影响力产出效果	学科带头人数	产出型
		学生论文发表数	
		国际竞赛获奖数	

三、国际影响力满意度预算绩效评价指标

（一）国际影响力满意度的含义

高校在推进国际化发展途中，扬长避短，吸收西方高校先进的管理理念，锻造出具有国际先进水平的师资队伍，培养出具有国际视野人才，获得国内外学术团体、社会公众、政府部门等对高校的肯定评价就是国际影响力满意度。

（二）国际影响力贡献度内容

从国际影响力贡献度的含义可以看出，国际影响力满意度包括国际化人才培养满意度、国际化管理满意度和国际化质量满意度三部分内容。

1. 国际化人才培养满意度

国际化人才是指具有国际化意识和胸怀以及国际一流的知识结构，视野和能力达到国际化水准，在全球化竞争中善于把握机遇和争取主动的高层次人才。国际化人才是各国提高综合国力和国际竞争力的战略资源。在国际化人才竞争中，我国国际化人才培养和开发要适应新时代国家经济社会对外开放新形势、新需求，符合我国在全球化进程中的新角色、新定位要求。

国际化人才培养满意度考量指标主要有教育理念国际化、语种国际化、教育目标国际化、教学师资队伍国际化、校园文化国际化、课程设置国际化、人才培养方案国际化、实践安排国际化等。

2. 国际化管理满意度

面对经济社会转型升级，经济社会发展对高等教育和大学提出了更高要求，大学要在激烈的竞争中获取优势，提高教育质量是关键，其中国际化教学质量是教育质量的决定因素之一。要想培养出国际化人才，就必须对人才进行国际化的管理。我国高校的国际化管理模式考量主要包括国内外人才交流管理、国际交流合作协议管理、国际合作项目管理、国际组织管理、国际学术会议管理、国际合作研究平台管理等。

3. 国际化质量满意度

国际影响力质量是高校的生命线，也是高等教育发展的核心。要建设国际一流品质高校，就必须先有一流的本科生和研究生教育。国际化课程的国际影响力是世界一流大学的基本特征，是我国高等教育的发展趋势。联合国教科文组织明确指出国际化是现代高等教育的三大核心之一。为保证我国高校的生命线的畅通，就必须注重国际影响力质量。国际影响力质量的考评指标主要有国际化师资质量、国际留学生质量、中外合作办学质量、国际影响力水平等。

（三）国际影响力满意度预算绩效评价指标体系设计

国际影响力满意度预算绩效指标体系同样分目标层、准则层和指标层三个层次。具体如表 7-10 所示。

表 7-10　高校国际影响力满意度预算绩效评价指标体系

目标层	准则层	指标层
国际影响力满意度	国际化人才培养满意度	教育理念国际化
		语种国际化
		教育目标国际化
		教学师资队伍国际化
		校园文化国际化
		课程设置国际化
		人才培养方案国际化
		实践安排国际化等
	国际化管理满意度	国内外人才交流管理
		国际交流合作协议管理
		国际合作项目管理
		国际组织管理
		国际学术会议管理
		国际合作研究平台
	国际化质量满意度	国际化师资质量
		国际留学生质量
		中外合作办学质量
		国际影响力水平

附件 7–1　高校教学贡献度调查问卷

您好！我们是盐城工学院“高校预算绩效管理”项目组成员。2023 年 8 月 28 日，教育部学位与研究生教育发展中心主任范海林指出，在高等教育普及化、信息化、现代化“三化”叠加的时代背景下，高等教育评估体系要将评估评价的重点更多转向贡献度和影响力，推动评估评价工作服务教育强国建设。

教学贡献度就是高等教育依据自身的职责和能力服务于国家战略、服务经济社会发展、服务人类命运共同体所作出的贡献。教学贡献度是高校预算绩效管理的重要基础。为客观评估高校教学的贡献度，并从成本、产出和效益三个方面构建相应的指标，我们特设计此调查问卷。问卷答案仅供本研究使用，问卷采用匿名填写，内容严格保密，请放心作答。您的支持与帮助对本研究非常重要！感谢您在百忙之中填写问卷！

高校预算绩效管理项目组

盐城工学院

一、基本信息

1. 所在高校名称：[填空题] *

____

2. 高校类型：[单选题] *

○985 高校

○211 高校

○普通本科

○高职高专

3. 高校属地：[单选题] *

○东部

○中部

○西部

○东北

二、成本指标

4. 校本部正高教师人数：[单选题] *

○0~200

○200~500

○500~1000

○1000 及以上

5. 校本部副高教师人数：[单选题] *

○0~200

○200~500

○500~1000

○1000 及以上

6. 博士学位教师人数：[单选题] *

○0~300

○300~600

○600~1000

○1000 及以上

7. 硕士学位教师人数：[单选题] *

○0~500

○500~1000

○1000~2000

○2000 及以上

8. 本科学历教师人数：[单选题] *

○0~100

○100~200

○200~500

○500 及以上

9. 专科及以下学历教师人数：[单选题] *

○0~50

○50~100

○100~300

○300 及以上

10. 生师比：[单选题] *

○10 及以下

○10～15

○15～20

○20 及以上

11. 教授给本科生上课比例：[单选题] *

○20%及以下

○20%～50%

○50%～80%

○80%及以上

12. 研究生助教的比例：[单选题] *

○20%及以下

○20%～50%

○50%～80%

○80%及以上

13. 本年基建完成投资总额：[填空题] *

____

14. 生均教育费用：[填空题] *

____

15. 生均奖学金：[填空题] *

____

16. 助学金数额：[填空题] *

____

17. 教师平均年收入：[填空题] *

____

18. 学校占地面积：[填空题] *

____

19. 教学科研及行政办公用房面积：[填空题] *

____

20. 生活用房面积：[填空题] *

____

21. 教学场所面积：[填空题] *

____

22. 图书馆面积：[填空题] *

____

23. 实验实习场所面积：[填空题] *

____

24. 每年在教学资源（如教室、实验室、图书馆等）方面的投入大约占教学总预算的百分比是多少？[单选题] *

○10%及以下

○10%~30%

○30%~50%

○50%~70%

○70%及以上

25. 近年来在教师队伍建设（如师资培训、人才引进等）方面的投入趋势如何？[单选题] *

○逐年减少

○基本保持稳定

○逐年增加

三、产出指标

26. 近五年的毕业生就业率平均值为多少？[单选题] *

○0~70%

○70%~80%

○80%~90%

○90%~95%

○95%~100%

27. 毕业生就业情况：[排序题，请在中括号内依次填入数字] *

[ ] 升学

[ ] 公务员、事业单位及国企

[ ] 私企

[ ] 创业

[ ] 待业

[ ] 其他

28. 近三年科研成果（如论文发表、专利申请等）的数量和质量：[单选题] *

○数量和质量均较低

○数量较多但质量一般

○数量一般但质量较高

○数量和质量均较高

29. 学生对教学质量的满意度：[单选题] *

○很不满意

○不满意

○一般

○满意

○很满意

30. 近三年来研究生录取率：[单选题] *

○10%及以下

○10%~20%

○20%~30%

○30%~50%

○50%及以上

四、效益指标

31. 教学质量对人才培养的贡献度：[单选题] *

很低　○1　○2　○3　○4　○5　很高

32. 科研成果在推动学科发展和社会服务方面的效益：[单选题] *

很低　○1　○2　○3　○4　○5　很高

33. 毕业生的平均起薪与同行业相比处于什么水平？[单选题] *

○明显高于

○稍高于

○相当

○稍低于

○明显低于

34. 教学成果对地方经济或社会发展的贡献体现在哪些方面？［多选题］ *

□技术创新

□人才培养

□文化传承

□咨询服务

□其他：________________

附件 7-2　高校教学满意度调查问卷

您好！我们是盐城工学院“高校预算绩效管理”项目组成员。

教学满意度是高校预算绩效管理的重要基础。本问卷主要就高校创新人才培养、教学质量和教学管理水平进行调查。问卷答案仅供本研究使用，问卷采用匿名填写，内容严格保密，请放心作答。您的支持与帮助对本研究非常重要！感谢您在百忙之中填写此问卷！

高校预算绩效管理项目组

盐城工学院

1. 您的职业是？［单选题］ *

○老师

○学生

○行政管理人员

○其他

2. 您是否承担或参与科研项目？［单选题］ *

○是

○否

3. 您的年龄是？[单选题] *

○20 岁及以下

○21～35 岁

○36～50 岁

○51 岁及以上

4. 您的受教育程度？[单选题] *

○专科及以下

○本科

○硕士研究生

○博士研究生

5. 您的职称？[单选题] *

○初级

○中级

○高级

○无

6. 您觉得学校用于提升教师教学水平、培训和发展方面的投入是否充足？（薪资待遇充足、招聘机制严格公平、定期组织专业培训等）[单选题] *

○很差

○勉强

○一般

○比较好

○非常好

7. 您认为学校目前对教辅设备等方面投入资金如何？（为多媒体教室配备高清投影仪等先进设备、实验室设备完善、建立在线教育平台等）[单选题] *

○很差

○勉强

○一般

○比较好

○非常好

8. 您认为教师的教学方法和教学水平对学生成绩和综合素质的影响如何？[单选题] *

○很差

○勉强

○一般

○比较好

○非常好

9. 您认为学校的教学工作对培养学生的创新能力和实践能力的效益？[单选题] *

○很差

○勉强

○一般

○比较好

○非常好

10. 您觉得学校的教学成果在社会和行业中的认可度如何？[单选题] *

○很差

○勉强

○一般

○比较好

○非常好

11. 考虑到学校在教学工作上的投入，您认为学校在社会服务和地区发展方面的贡献如何？[单选题] *

○很差

○勉强

○一般

○比较好

○非常好

12. 您认为学校目前的教学规章及相关制度在规范教学活动、保障教学质量方面表现如何？[单选题] *

○很差

○勉强

○一般

○比较好

○非常好

13. 您认为学校的专业与课程安排效果如何？（大一安排公共课和基础课，大二、大三主修专业课，大四进行毕业论文写作）[单选题] *

○很差

○勉强

○一般

○比较好

○非常好

14. 您认为学校要求学生在大一的暑假进行实践，并鼓励学生寒暑假参加实习，且在大三设置了专业实习，这对学生将来找工作的帮助程度如何？[单选题] *

○很差

○勉强

○一般

○比较好

○非常好

15. 您认为实习与实践活动对提升学生的职业技能和综合素质的效果？[单选题] *

○很差

○勉强

○一般

○比较好

○非常好

16. 您认为学校在鼓励大学生创新就业方面的课程与教学活动表现如何？[单选题] *

○很差

○勉强

○一般

○比较好

○非常好

17. 您认为学校教学管理人员的工作效率如何？是否有助于学生和老师节省办事时间？[单选题] *

○很差

○勉强

○一般

○比较好

○非常好

18. 您认为学校教学管理部门的工作态度如何？其工作热情是否较高？[单选题] *

○很差

○勉强

○一般

○比较好

○非常好

19. 您认为学校提供的医疗条件是否足以满足师生在校园内的健康需求？[单选题] *

○很差

○勉强

○一般

○比较好

○非常好

20. 您认为学校运动场及体育设施的配备情况是否充分满足了师生的体育锻炼或训练需求？[单选题] *

○很差

○勉强

○一般

○比较好

○非常好

21. 您认为学校食堂的价格合理，性价比如何？[单选题] *

○很差

○勉强

○一般

○比较好

○非常好

22. 您对学校宿舍的设施配备（如床铺、桌椅、衣柜等）的评价？[单选题] *

○很差

○勉强

○一般

○比较好

○非常好

附件 7-3　高校科研贡献度调查问卷

您好！我们是盐城工学院“高校预算绩效管理”项目组成员。高校作为国家基础研究的主力军和重大科技突破的生力军，要心怀“国之大者”，想国家之所想、急国家之所急、应国家之所需，为教育强国和科技强国建设提供有力支撑。

科研贡献度就是高等教育依据自身的职责和能力服务于国家战略、服务经济社会发展、服务人类命运共同体在科学研究方面所作出的贡献。为客观评估高校科研贡献度，并从科研人力资源、科研经费、科研平台以及科研成果四个方面构建相应的指标，我们特设计此调查问卷。问卷答案仅供本研究使用，问卷采用匿名填写，内容严格保密，请放心作答。您的支持与帮助对本研究非常重要！感谢您在百忙之中填写问卷！

高校预算绩效管理项目组

盐城工学院

一、基本信息

1. 您目前所在的部门或身份是？[单选题] *

○教师

○学生（本科生）

○学生（研究生）

○学校管理部门

○上级主管部门

○其他

2. 您在本单位的工作/学习年限是？[单选题] *

○1 年以内

○1~3 年

○3~5 年

○5~10 年

○10 年及以上

二、科研人力资源情况

3. 您是否了解本校“两院”院士的数量及其研究领域？[单选题] *

○是

○否

4. “两院”院士数量：[填空题] *

____

5. 您对本校“两院”院士的科研贡献了解程度如何？[单选题] *

○非常了解

○比较了解

○一般

○不太了解

○完全不了解

6. 您认为本校在吸引和保留顶尖科研人才方面做得如何？[单选题] *

○非常好

○好

○一般

○差

○非常差

7. 您是否了解本校“长江学者”及“杰青”的数量及其研究领域？[单选题] *

○是

○否

8. “长江学者”数量：[填空题] *

____

9. “杰青”数量：[填空题] *

____

10. 您认为本校的科研人力资源是否充足，能否满足科研需求？[单选题] *

○非常充足

○较为充足

○一般

○较为不足

○非常不足

11. 您认为本校科研团队的规模和结构是否合理？[单选题] *

○非常合理

○合理

○一般

○不合理

○非常不合理

12. 具有高级职称科研人员的数量：[填空题] *

____

13. 科学家和工程师的数量：[填空题] *

____

14. 科研团队数量：[填空题] *

____

15. 科研人员总量：[填空题] *

三、科研经费情况

16. 您是否了解我校科研经费的来源和使用情况？[单选题] *

○是

○否

17. 科研经费来源总额 [单选题] *

○1000 万元及以下

○1000 万～5000 万元

○5000 万～1 亿元

○1 亿～5 亿元

○5 亿元及以上

18. 纵向经费总额 [单选题] *

○1000 万元及以下

○1000 万～5000 万元

○5000 万～1 亿元

○1 亿～5 亿元

○5 亿元及以上

19. 横向经费总额 [单选题] *

○1000 万元及以下

○1000 万～5000 万元

○5000 万～1 亿元

○1 亿～5 亿元

○5 亿元及以上

20. 经费预算执行率 [单选题] *

○50%及以下

○50%～70%

○70%～90%

○90%～100%

○100%

21. 配套经费到位率 [单选题] *

○50%及以下

○50%~70%

○70%~90%

○90%~100%

○100%

22. 违规使用经费占比 [单选题] *

○无

○1%及以下

○1%~5%

○5%~10%

○10%及以上

23. 科研经费层次（多选）[多选题] *

□国家级

□省部级

□市级

□校级

□企业合作

□其他

24. 您认为本校在科研经费分配方面是否存在不公平现象？[单选题] *

○存在，且非常严重

○存在，但不太严重

○不确定

○不存在

○完全不存在

25. 您是否了解我校科研经费的监管机制？[单选题] *

○是

○否

四、科研平台情况

26. 您是否了解我校的科研平台及其功能？[单选题] *

○是

○否

27. 我校拥有以下哪些科研平台？[多选题] *

□国家实验室

□国家重点实验室

□省部级重点实验室

□博士后流动站

□博士点

□产学研联合实验室

□大学科技园

□人文社科平台

28. 您认为我校科研平台的建设和维护情况如何？[单选题] *

○非常好

○好

○一般

○差

○非常差

29. 您是否参与过我校科研平台的合作研究项目？[单选题] *

○是

○否

30. 您是否经常使用本校的科研平台（如实验室、仪器设备等）？[单选题] *

○经常使用

○偶尔使用

○很少使用

○从未使用过

31. 您认为本校的科研平台在科研活动中的支持作用如何？[单选题] *

○非常支持

○比较支持

○一般

○支持较少

○几乎没有支持

32. 您对于本校科研平台的改进有何建议？[填空题] *

____

五、科研成果情况

33. 您是否了解我校近年来的主要科研成果？[单选题] *

○是

○否

34. 我校近年来自然科学发表高水平论文数量：[填空题] *

____

35. 我校近年来人文社科发表高水平论文数量：[填空题] *

____

36. 我校近年来出版专著数量：[填空题] *

____

37. 我校近年来完成的研究报告数量：[填空题] *

____

38. 我校近年来获得的发明与专利数量：[填空题] *

____

39. 我校近年来获得的成果奖励包含以下几种，请在相应奖项后填写获奖数量 [多选题] *

□国家自然科学奖：____________________

□国家科技进步奖：____________________

□省部级科技进步奖：____________________

□人文社科国家级成果奖：____________________

□人文社科省部级成果奖：____________________

40. 联系方式（选填）：[填空题]

____

附件 7-4　高校科研满意度调查问卷

您好！我们是盐城工学院“高校预算绩效管理”项目组成员。

科研满意度就是高等教育依据自身的职责和能力服务于国家战略、服务经济社会发展、服务人类命运共同体在科学研究方面所作出的贡献。科研满意度是高校预算绩效管理的重要基础，本问卷主要对科研管理、工作环境、薪酬水平及职业晋升条件等方面的实际情况进行调查。问卷答案仅供本研究使用，问卷采用匿名填写，内容严格保密，请放心作答。您的支持与帮助对本研究非常重要！感谢您在百忙之中填写此问卷！

高校预算绩效管理项目组

盐城工学院

一、基本信息

1. 您的职业是？[单选题] *

○老师

○学生

○行政管理人员

2. 您是否承担或者参与科研项目？[单选题] *

○是

○否

3. 您的年龄是？[单选题] *

○20 岁及以下

○21~35 岁

○36~50 岁

○51 岁及以上

4. 您的教育程度？[单选题] *

○专科及以下

○本科

○硕士

○博士及以上

5. 你们的职称是？[单选题] *

○初级

○中级

○高级

○其他

二、科研管理水平

6. 您对高校对科研工作的重视程度评价如何？[单选题] *

○非常重视

○重视

○一般

○不重视

○非常不重视

7. 您认为科研整体规划是否完善？[单选题] *

○非常完善

○完善

○一般

○不完善

○非常不完善

8. 您对科研部门的服务态度是否满意？[单选题] *

○非常满意

○满意

○一般

○不满意

○非常不满意

9. 您认为科研经费管理是否规范？[单选题] *

○非常规范

○规范

○一般

○不规范

○非常不规范

10. 您对科研成果管理的有效性如何评价？[单选题] *

○非常有效

○有效

○一般

○无效

○非常无效

三、科研工作环境调研

11. 您认为学校信息网络更新速度是否满足科研需求？[单选题] *

○完全同意

○比较同意

○说不清楚

○不太同意

○完全不同意

12. 您认为实验室仪器设备等硬件支撑是否完善？[单选题] *

○完全同意

○比较同意

○说不清楚

○不太同意

○完全不同意

13. 您认为学校外出调研的时间安排是否合理？[单选题] *

○完全同意

○比较同意

○说不清楚

○不太同意

○完全不同意

14. 您认为线上线下的文献资源是否丰富？[单选题] *

○非常丰富

○丰富

○一般

○缺乏

○非常缺乏

15. 您认为实验室装备如何？[单选题] *

○非常先进

○先进

○一般

○落后

○非常落后

16. 您对科研工作场所的整体环境的评价？[单选题] *

○非常舒适

○舒适

○一般

○不舒适

○非常不舒适

17. 您认为学校的科研气氛如何？[单选题] *

○非常浓厚

○浓厚

○一般

○淡薄

○非常淡薄

18. 您对图书馆环境及资料丰富度的评价？[单选题] *

○完全满意

○比较满意

○说不清楚

○不太满意

○完全不满意

19. 您对学校科研项目的学术含量如何评价？[单选题] *

○完全满意

○比较满意

○说不清楚

○不太满意

○完全不满意

20. 您认为国际合作交流项目是否频繁且有益？[单选题] *

○完全满意

○比较满意

○说不清楚

○不太满意

○完全不满意

四、科研人员薪酬水平调研

21. 您认为薪酬制度设计是否合理？[单选题] *

○非常合理

○合理

○一般

○不合理

○非常不合理

22. 您对学校科研成果奖励办法是否满意？[单选题] *

○非常满意

○满意

○一般

○不满意

○非常不满意

23. 您对学校科研薪酬是否满意？[单选题] *

○完全满意

○比较满意

○说不清楚

○不太满意

○完全不满意

24. 您是否认为学校科研薪酬制度是公平的且激励性强？[单选题] *

○完全同意

○比较同意

○说不清楚

○不太同意

○完全不同意

五、科研人员职业晋升条件调研

25. 您认为学校科研晋升制度是否公正且透明？[单选题] *

○完全同意

○比较同意

○说不清楚

○不太同意

○完全不同意

26. 您认为晋升条件与科研成果挂钩是否合理？[单选题] *

○非常合理

○合理

○一般

○不合理

○非常不合理

27. 您认为学校对发表论文被 SCI、EI、SSCI、A&HCI、CSSCI 等来源期刊收录情况对晋升的影响？[单选题] *

○非常重视

○重视

○一般

○不重视

○非常不重视

28. 您对主持完成国家级资助项目或省（部）级科研重点资助项目在晋升中的重要性如何评价？[单选题] *

○非常重视

○重视

○一般

○不重视

○非常不重视

29. 您对学校科研晋升速度是否满意？[单选题] *

○完全满意

○比较满意

○说不清楚

○不太满意

○完全不满意

六、其他问题

30：您认为学校在科研方面还有哪些需要改进的地方？[填空题] *

____

附件 7-5　高校社会服务贡献度调查问卷

您好！我们是盐城工学院“高校预算绩效管理”项目组成员。社会服务是高校的科学研究和人才培养工作紧密贴合社会发展需求，并为社会主义现代化国家建设和中华民族的伟大复兴提供有效服务的功能，它包括人才培养、科学研究以及直接满足社会需求所提供的社会服务。

社会服务贡献度就是高等教育依靠自身的职责和能力，在社会主义现代化国家建设和中华民族的伟大复兴征程中，在满足社会需求方面所作出的贡献。为衡量高校社会服务贡献度，我们运用扎根理论和借鉴国内外先进做法，设计了调查问卷，将社会服务贡献度从社会服务人员数量，社会服务经费、社会服务（平台）基地、社会服务效果四方面进行考量。问卷答案仅供本研究使用，问卷采用匿名填写，内容严格保密，请放心作答。您的支持与帮助对本研究非常重要！感谢您在百忙之中填写此问卷！

高校预算绩效管理项目组

盐城工学院

一、基本信息

1. 您目前所在的部门或身份是？[单选题] *

○教师

○学生（本科生）

○学生（研究生）

○学校管理部门

○上级主管部门

○其他

2. 您在本单位的工作/学习年限是？[单选题] *

○1 年以内

○1~3 年

○3~5 年

○5~10 年

○10 年及以上

二、社会服务人员数量

3. 您所在高校目前有多少校外挂职人员？[填空题] *

____

4. 您所在高校目前有多少对外培训人员？[填空题] *

____

5. 您所在高校目前的社会服务人员总数量是多少？[填空题] *

____

6. 您认为目前高校社会服务人员的数量是否满足社会服务需求？[单选题] *

○非常满足

○满足

○一般

○不满足

○非常不满足

三、社会服务经费

7. 您所在高校近三年的产学研教育经费拨款总额是多少？[填空题] *

____

8. 近三年来，您所在高校获得的产学研低息贷款总额是多少？[填空题] *

____

9. 您认为高校在社会服务经费的投入是否足够支持社会服务活动的开展？[单选题] *

○非常足够

○足够

○一般

○不足

○非常不足

四、社会服务（平台）基地

10. 您所在高校社会实践服务中心的占地面积是多少？[填空题] *

____

11. 您所在高校目前有多少个社会服务平台？[填空题] *

____

12. 您所在高校目前有多少个校企合作实践基地？[填空题] *

____

13. 您认为社会服务（平台）基地的建设是否有助于提升高校的社会服务效果？[单选题] *

○非常有助于

○有助于

○一般

○没有太大帮助

○没有帮助

五、社会服务效果

14. 您所在高校完成的产学研项目数量是多少？[填空题] *

____

15. 您所在高校提供的决策咨询报告份数是多少？[填空题] *

____

16. 您所在高校决策咨询报告入选国家级成果的份数是多少？[填空题] *

____

17. 您所在高校决策咨询报告入选政府部门的专家建议数是多少？[填空题] *

____

18. 您所在高校接受决策咨询报告的层级情况如何？[多选题] *

□国家级

□省部级

□地市级

□县级及以下

□其他

19. 您所在高校目前有多少挂职人员？[填空题] *

____

20. 您所在高校挂职人员的工作期限一般是多久？[填空题] *

____

21. 您所在高校近三年提供的社会教育活动数量是多少？[填空题] *

____

22. 您认为您所在高校提供的社会教育活动质量如何？（1分代表极差，5分代表极好）[单选题] *

○1

○2

○3

○4

○5

23. 您如何评价您所在高校社会服务（平台）基地的成效？（1分代表极差，5分代表极好）[单选题] *

○1

○2

○3

○4

○5

六、其他建议

24. 您对于提升高校社会服务贡献度有哪些建议或意见？[填空题] *

____

25. 您是否愿意提供您的联系方式以便我们进一步了解您的观点？[填空题]

联系方式：

____

附件 7-6　高校社会服务满意度调查问卷

您好！我们是盐城工学院“高校预算绩效管理”项目组成员。高校的科学研究和人才培养工作紧密贴合社会发展需求，并为社会主义现代化国家建设和中华民族的伟大复兴提供有效服务。这些社会服务职能的履行既有经济方面的，又有社会的、政治的、文化的和教育方面；既有有偿的，也有无偿的。高校在对外提供社会服务过程中，相关的企业、行政事业单位、社会公众等对高校社会服务活动的评价就是社会服务满意度。

社会服务是高校为满足社会需求，向社会提供具有学术特质的服务。高校是培育青年科技人才的主阵地，高质量的教学活动是培育人才的重要保证。高校在输送高质量人才的过程中，与之相关的学生家长、用人单位、社会公众、教师同行、政府相关部门等形成对高校教学活动的评价就是教学满意度。社会服务职能履行质量的高低又具体体现在决策咨询、对外教育培训、科研成果转化等方面。本问卷主要就决策咨询、科研成果转化、对外教育培训进行调查。问卷答案仅供本研究使用，问卷采用匿名填写，内容严格保密，请放心作答。您的支持与帮助对本研究非常重要！感谢您在百忙之中填写此问卷！

高校预算绩效管理项目组

盐城工学院

一、基本信息

1. 您的职业是？[单选题] *

○老师

○学生

○行政管理人员

○其他

2. 您是否承担或者参与科研项目？[单选题] *

○是

○否

3. 您的年龄是？[单选题] *

○20 岁及以下

○21~35 岁

○36~50 岁

○51 岁及以上

4. 您的教育程度？[单选题] *

○专科及以下

○本科

○硕士

○博士及以上

5. 您的职称是？[单选题] *

○初级

○中级

○高级

○其他

二、决策咨询

6. 您对学校组织的各类培训活动质量如何评价？[单选题] *

○非常不满意

○不满意

○一般

○满意

○非常满意

7. 您认为学校决策咨询的服务定位是否准确？[单选题] *

○非常不准确

○不准确

○一般

○准确

○非常准确

8. 您认为学校决策咨询成果形式是否多样化？[单选题] *

○非常不多样化

○不多样化

○一般

○多样化

○非常多样化

三、科研成果转化

9. 您认为学校的科技成果转化数量如何？[单选题] *

○非常少

○少

○一般

○多

○非常多

10. 您对学校科技成果转化金额是否满意？[单选题] *

○非常不满意

○不满意

○一般

○满意

○非常满意

11. 您认为学校产学研融合得分情况如何？[单选题] *

○非常差

○差

○一般

○好

○非常好

四、对外教育培训

12. 您对学校各专业的专业设置是否满意？[单选题] *

○非常不满意

○不满意

○一般

○满意

○非常满意

13. 您认为学校的培训方式是否灵活多样？[单选题] *

○非常不灵活

○不灵活

○一般

○灵活

○非常灵活

14. 您对学校师资力量的满意度如何？[单选题] *

○非常不满意

○不满意

○一般

○满意

○非常满意

五、其他社会服务方面

15. 您认为学校提供的实践机会是否丰富？[单选题] *

○非常不丰富

○不丰富

○一般

○丰富

○非常丰富

16. 您对学校组织的各类培训活动满意度如何？[单选题] *

○非常不满意

○不满意

○一般

○满意

○非常满意

17. 您认为学校各专业就业率如何？[单选题] *

○非常低

○低

○一般

○高

○非常高

18. 您认为毕业生职业发展情况如何？[单选题] *

○非常差

○差

○一般

○好

○非常好

19. 您对学校校领导管理水平满意度如何？[单选题] *

○非常不满意

○不满意

○一般

○满意

○非常满意

20. 您对学校后勤服务保障水平的满意度如何？[单选题] *

○非常不满意

○不满意

○一般

○满意

○非常满意

21. 您认为学校是否积极参与社会活动？[单选题] *

○非常不积极

○不积极

○一般

○积极

○非常积极

22. 您认为学校对地方产业的贡献程度如何？[单选题] *

○非常小

○小

○一般

○大

○非常大

23. 您对学校校园环境卫生及绿化美化情况的满意度如何？[单选题] *

○非常不满意

○不满意

○一般

○满意

○非常满意

24. 您认为学校是否积极参与社会实践？[单选题] *

○非常不积极

○不积极

○一般

○积极

○非常积极

25. 您认为学校在维护公平正义方面的表现如何？[单选题] *

○非常差

○差

○一般

○好

○非常好

26. 您对学校毕业生的质量满意度如何？[单选题] *

○非常不满意
○不满意
○一般
○满意
○非常满意

附件 7-7　高校文化传承与创新贡献度调查问卷

您好！我们是盐城工学院“高校预算绩效管理”项目组成员。当今社会，文化、政治、经济相互融合的程度不断加深，经济的文化含量，文化的政治、经济功能不断提升，文化已经成为一国的软实力，成为核心竞争力的重要构成要素，甚至成为维护国家利益和安全的重要精神武器。基于文化在社会发展中越来越重要的地位和作用，文化传承与创新已由高校的一般性职能跃升为高校的基本职能。

我国高校的文化传承与创新职能是提高高等教育质量的重要一环，是国家文化发展战略的重要组成部分。为客观评估高校文化传承与创新贡献度，并从文化传承与创新人力、文化传承与创新经费投入、文化交流平台以及文化成果四个方面构建相应的指标，我们特设计此调查问卷。问卷答案仅供本研究使用，问卷采用匿名填写，内容严格保密，请放心作答。您的支持与帮助对本研究非常重要！感谢您在百忙之中填写问卷！

高校预算绩效管理项目组

盐城工学院

一、基本信息

1. 您目前的身份是：

○社会公众
○高校教师
○高校学生
○高校内其他部门工作人员

○其他（请注明）：________________

2. 您的年龄是？

○20 岁及以下

○21~35 岁

○36~50 岁

○51 岁及以上

3. 您的受教育程度？

○专科及以下

○本科

○硕士

○博士及以上

4. 您对文化传承与创新相关内容的了解程度如何？

○比较了解

○一般

○不太了解

○完全不了解

二、文化传承与创新人力

5. 您所在高校目前专职从事文化传承与创新工作的教师数量为（请填写具体数字）：

____

6. 您所在高校目前专职从事文化传承与创新工作的专家数量为（请填写具体数字）：

____

7. 体制内人员数量：__________　社会挂职人员数量：__________

8. 体制内外聘专家数量：________　社会外聘专家数量：__________

三、文化传承与创新经费投入

9. 近三年来，您所在高校每年平均投入于文化传承与创新项目的自有经费约为（单位：万元）：

____

10. 请填写上一财年政府对您所在高校文化传承与创新项目的投入总额（单位：万元）：

____

11. 您所在高校平均每年接受的社会捐赠用于文化传承与创新项目的金额约为（单位：万元）：

____

12. 您所在高校平均每年接受的企事业单位委托项目经费中，用于文化传承与创新项目的金额约为（单位：万元）：

____

13. 您所在高校每年文化传承与创新经费总投入的年均增长率约为（百分比式）：

____

14. 您如何评价去年文化传承与创新经费的年增长率？[单选题]

○显著增长

○适度增长

○保持稳定

○略有下降

○显著下降

四、文化交流平台

15. 您所在的高校是否参与了文化传承与创新交流平台的建设？如果是，请描述其主要功能和目标。

____

16. 共建研究平台在文化传承与创新中的作用主要体现在哪些方面？[多选题] *

□资源共享

□人才培养

□成果转化

□国际合作

□其他

17. 您所在高校是否拥有国家级重点研究室/实验室？

○是

○否

18. 如有国家级重点研究室/实验室，请列举其名称及主要研究方向与文化传承与创新相关的项目。

____

19. 您所在高校是否拥有省部级重点研究室/实验室？

○是

○否

20. 如有省部级重点研究室/实验室，请列举其名称及主要研究方向与文化传承与创新相关的项目：

____

五、文化成果

21. 请填写您所在单位过去一年中在人文社科领域发表的论文数量：

____

22. 自然科学领域发表的论文数量是多少？

____

23. 您的部门是否有获得省部级人文社科研究成果奖？如果有，请列出获奖项目名称。

____

24. 请列举您所在高校国家级重点研究室近几年完成的文化传承与创新项目中已实现成果转化的具体案例。

____

25. 请列举您所在高校文化传承与创新交流平台近几年完成的项目中已实现成果转化的具体案例。

____

26. 请列举您所在高校共建研究平台近几年完成的项目中已实现成果转化的具体案例。

____

27. 近五年来，您所在高校教师出版的专著总数为：

____

28. 近五年来，您所在高校制作发行的音像制品总数为：

____

29. 近五年来，您所在高校研发的文化传承与创新实物产品（如文创产品、教学用具等）总数为：

____

30. 您认为当前高校在文化传承与创新工作中面临的主要挑战有哪些？

____

附件 7-8　高校文化传承与创新满意度调查问卷

您好！我们是盐城工学院“高校预算绩效管理”项目组成员。高校的文化传承与创新和高校的教学、科研、社会服务等职能是密不可分的，一方面文化传承与创新是高校教学、科研、社会服务的基础途径和手段，另一方面高校的教学、科研、社会服务又是文化传承与创新的重要方式和表现形态。高校文化传承与创新满意度是相关的企业、行政事业单位、社会公众等社会各界对高校在履行文化传承与创新职能的评价。本问卷主要就文化传承与创新对教学、科研、社会服务进行调查。问卷答案仅供本研究使用，问卷采用匿名填写，内容严格保密，请放心作答。您的支持与帮助对本研究非常重要！感谢您在百忙之中填写此问卷！

高校预算绩效管理项目组

盐城工学院

一、对教学的满意度

1. 您认为学校对文化传承与创新的重视程度如何？

○非常重视

○比较重视

○一般

○不太重视

○完全不重视

2. 您认为学校举办文化活动的频率如何？

○非常频繁

○比较频繁

○适中

○较少

○几乎没有

3. 您认为学院对文化传承与创新的重视程度如何？

○非常重视

○比较重视

○一般

○不太重视

○完全不重视

4. 您认为学院举办文化活动的频率如何？

○非常频繁

○比较频繁

○适中

○较少

○几乎没有

5. 请对学校的文化传承与创新办学理念进行评价：

○非常满意

○比较满意

○一般

○不太满意

○非常不满意

6. 您认为学校的历史文化底蕴如何？

○非常丰富

○比较丰富

○一般

○较为匮乏

○非常匮乏

7. 您认为学校文化传承与创新教学管理规章制度的完善程度如何？

○非常完善

○比较完善

○一般

○不太完善

○非常不完善

二、对科研的满意度

8. 您对学校获得的文化传承与创新成果国家级奖励的满意度如何？

○非常满意

○比较满意

○一般

○不太满意

○非常不满意

9. 您认为学校研究平台的硬件条件如何？

○非常先进

○比较先进

○一般

○较为落后

○非常落后

10. 您对学校图书馆的资源配置满意吗？

○非常满意

○比较满意

○一般

○不太满意

○非常不满意

11. 您认为学校的文化传承与创新研究氛围如何？

○非常浓厚

○比较浓厚

○一般

○不太浓厚

○非常不浓厚

三、对社会服务的满意度

12. 您认为文化传承与创新成果在教师晋升机制中的体现程度如何？

○非常明显

○比较明显

○一般

○不太明显

○非常不明显

13. 您对学校接收的行政事业单位委托项目数量满意吗？

○非常满意

○比较满意

○一般

○不太满意

○非常不满意

14. 您对学校接收的企业委托项目数量满意吗？

○非常满意

○比较满意

○一般

○不太满意

○非常不满意

15. 您对学校共建研究平台的数量及效果满意吗？

○非常满意

○比较满意

○一般

○不太满意

○非常不满意

16. 您对学校的整体评价如何？

○非常高

○比较高

○一般

○较低

○非常低

四、综合评价与建议

17. 您认为学校在文化传承与创新预算绩效评价体系中，哪些指标最为关键？（多选）

□教学活动数量与质量

□国家级科研奖励

□硬件设施与资源投入

□社会服务项目数量与影响力

□历史文化底蕴与制度建设

□其他（请说明：____________________）

18. 您认为文化传承与创新工作对提升学校社会声誉有何作用？（简答）

____

19. 您是否有具体的建议或意见，以提升学校在文化传承与创新预算绩效评价体系中的表现？（简答）

____

20. 您认为学校在文化传承与创新工作中最值得推广的成功经验是什么？（简答）

____

附件 7-9　高校国际影响力贡献度调查问卷

您好！我们是盐城工学院“高校预算绩效管理”项目组成员。

国际影响力贡献度就是高等教育依据自身的职责和能力服务于国家战略、服务经济社会发展、服务人类命运共同体，在高等教育国际化进程中，逐渐形成“走出去”与“引进来”双向发展道路，为培养出具有世界级战略眼光和加强国际学术交流方面所作出的贡献。为客观评估高校国际影响力的贡献度，并从国际化师资力量、国际化财政投入、国际化教育交流平台和国际影响力产出效果四个方面构建相应的指标，我们特设计此调查问卷。问卷答案仅供本研究使用，问卷采用匿名填写，内容严格保密，请放心作答。您的支持与帮助对本研究非常重要！感谢您在百忙之中填写此问卷！

高校预算绩效管理项目组

盐城工学院

一、基本情况

1. 您目前的身份是：

○社会公众

○高校教师

○高校学生

○高校内其他部门工作人员

○其他（请注明）：______________________________

2. 您的年龄是？

○20 岁及以下

○21~35 岁

○36~50 岁

○51 岁及以上

3. 您的教育程度？

○专科及以下

○本科

○硕士

○博士及以上

4. 您对本校的国际影响力有何了解或认知？（可以简要描述您的认知）

____

二、国际化师资力量

5. 贵校近三年来引进的国际性高水平海外人才人数是多少？

○0~5 人

○6~10 人

○11~15 人

○16 人及以上

6. 有多少教师曾在国际知名学术机构就职？（填空题）

____

7. 贵校取得国外知名高校博士学位的教师人数是多少？（填空题）

____

8. 目前有多少海外知名院校教授担任客座教授？（填空题）

____

9. 贵校目前聘请的海外知名院校教授作为客座教授主要来自哪些国家或地区？（多选）

□美国

□英国

□澳大利亚

□德国

□其他（请注明）

10. 贵校有多少具有国际化背景的专职教师？（填空题）

____

11. 硕士与博士学位的教师人数分别有多少？（填空题）

____

三、国际化财政投入

12. 贵校本年的基建完成投资总额占学校总预算的百分比是多少？

○10%及以下

○11%~20%

○21%~30%

○31%及以上

13. 贵校的教育经费主要来源于哪些渠道？（多选）

□国家教育经费拨款

□地方教育经费拨款

□校企合作经费

□社会捐赠

□其他（请注明）

14. 地方教育经费拨款总额是多少？（填空题）

____

15. 上级补助收入总额是多少？（填空题）

____

16. 下级单位上缴收入总额是多少？（填空题）

____

17. 每位留学生的平均教育费用是多少？（填空题）

____

18. 每位留学生的平均奖学金数额是多少？（填空题）

____

19. 助学金的总额是多少？（填空题）

____

20. 外教的平均年收入是多少？（填空题）

____

四、国际化教育交流平台

21. 中外合作办学学校的占地面积有多大？（填空题）

____

22. 贵校的中外合作办学项目占比是多少？

○ 10%及以下

○ 11%～20%

○ 21%～30%

○ 31%及以上

23. 贵校为留学生提供的生活服务设施包括哪些？（多选）

□学生宿舍

□餐饮中心

□健身设施

□文化活动中心

□其他（请注明）

24. 贵校的国际教学科研场所面积占学校总面积的百分比是？

○ 5%及以下

○ 6%~10%

○ 11%~15%

○ 16%及以上

25. 贵校用于国际教学的专用教室面积有多大？（填空题）

____

26. 贵校图书馆中，与国际学科相关的书籍和资料占比约为？

○ 10%及以下

○ 11%~20%

○ 21%~30%

○ 31%及以上

27. 贵校在实验实习场所的建设和使用上有何特色？这些设施对留学生的学习和实践有何帮助？（简答题）

____

五、国际影响力产出效果

28. 贵校 ESI 前 1%的学科数有多少个？

○ 0 个

○ 1—3 个

○ 4—6 个

○ 7 个及以上

29. ESI 发表论文总数有多少？（填空题）

____

30. ESI 论文被引总数是多少？（填空题）

____

31. ESI 论文平均被引次数是多少？（填空题）

____

32. 贵校在国际学术领域具有影响力的教师主要包括哪些人才？（多选）

□长江学者

□两院院士

□外国科学院院士

□享受国务院特殊津贴专家

□其他（请注明）

33. 美国等发达国家科学院院士数量有多少？（填空题）

____

34. 学科带头人数是多少？（填空题）

____

35. 贵校近三年来，学生发表在国际高水平期刊上的论文数量大约为？

○50 篇及以下

○ 51~100 篇

○ 101~150 篇

○ 151 篇及以上

36. 贵校学生近三年来在国际知名竞赛中获奖的次数？（填空题）

____

37. 请谈谈贵校在培养和吸引国际高水平科研人才方面有哪些举措和成效？（简答题）

____

附件 7-10　高校国际影响力满意度调查问卷

您好！我们是盐城工学院“高校预算绩效管理”项目组成员。

高校在推进国际化发展途中，扬长避短，吸收西方高校先进的管理理念，锻造出具有国际先进水平的师资队伍，培养出具有国际视野人才，获得国内外学术团体、社会公众、政府部门等形成对高校的肯定评价就是国际影响力满意度。本问卷主要就国际化人才培养满意度、国际化管理满意度和国际化质量满意度三部分内容进行调查。问卷答案仅供本研究使用，问卷采用匿名填写，内容严格保密，请放心作答。您的支持与帮助对本研究非常重要！感谢您在百忙之中填写此问卷！

高校预算绩效管理项目组

盐城工学院

一、基本信息

1. 您目前的身份是：

○社会公众

○高校教师

○高校学生

○高校内其他部门工作人员

○其他（请注明）：________________________________

2. 您的年龄是？

○20 岁及以下

○21~35 岁

○36~50 岁

○51 岁及以上

3. 您的受教育程度？

○专科及以下

○本科

○硕士

○博士及以上

4. 您对本校的国际影响力有何了解或认知？（可以简要描述您的认知）

____

二、国际化人才培养满意度

5. 您对本校的教育理念是否具有国际化特色的评价是？

○非常满意

○比较满意

○一般

○不满意

6. 对于本校的语种设置，您是否感到满意？

○非常满意

○比较满意

○一般

○不满意

7. 您是否同意本校的教学目标具有国际化水平？

○非常同意

○比较同意

○一般

○不同意

8. 对于本校的教学师资队伍的国际化程度，您的评价是？

○非常满意

○比较满意

○一般

○不满意

9. 您是否觉得本校的校园文化具有国际化特色？

○非常有

○比较有

○一般

○没有

10. 您对本校的课程设置是否感到满意？

○非常满意

○比较满意

○一般

○不满意

11. 您认为本校的人才培养方案是否具有国际化水平？

○非常有

○比较有

○一般

○没有

12. 对于本校的国际化实践安排，您是否感到满意？

○非常满意

○比较满意

○一般

○不满意

三、国际化管理满意度

13. 您认为本校的国内外人才交流管理是否有效？

○非常有效

○比较有效

○一般

○没有效果

14. 对于本校的国际交流合作协议管理，您的评价是？

○非常满意

○比较满意

○一般

○不满意

15. 您对本校的国际合作项目管理是否满意？

○非常满意

○比较满意

○一般

○不满意

16. 您认为本校对国际组织的管理是否得当？

○非常得当

○比较得当

○一般

○不得当

17. 对于本校管理国际学术会议的方式，您是否满意？

○非常满意

○比较满意

○一般

○不满意

18. 您对本校的国际合作研究平台发挥的作用？

○非常满意

○比较满意

○一般

○不满意

四、国际化质量满意度

19. 对于本校的国际化师资质量，您的评价是？

○非常满意

○比较满意

○一般

○不满意

20. 您对本校的国际留学生质量是否满意？

○非常满意

○比较满意

○一般

○不满意

21. 对于本校中外合作办学的质量，您的看法是？

○非常满意

○比较满意

○一般

○不满意

22. 您对本校的国际影响力水平的评价？

○非常满意

○比较满意

○一般

○不满意

五、综合评价

23. 总体而言，您对本校在国际化教学方面的表现满意程度如何？

○非常满意

○比较满意

○一般

○不满意

24. 您认为本校在国际化教学方面的优势是什么？（简答）

____

25. 您认为本校在国际化教学方面还有哪些需要改进的地方？（简答）

____

第八章 高校预算绩效评价结果的应用思考

中共中央、国务院于 2018 年 9 月发布了《关于全面实施预算绩效管理的意见》，这是预算绩效管理实施过程中具有里程碑意义的文件。在全过程预算绩效管理工作中，绩效评价结果应用是落脚点，同时也是下一周期预算绩效评价的起点和依据，是保障绩效评价取得实效的关键。

我国共有近 2700 所高校，高校主要依赖政府的财政拨款。当前，我国财政收入的增速有所放缓，在政府财政资金并不宽裕的条件下，要保证财政教育投入不断增长，对政府来说也是一个挑战。另外，我国高校财政资金的利用效率不足，年末存在资金闲置现象。因此，在这样的现实背景下，亟须探索有效途径客观评价财政资金应用绩效问题，促进高校的健康和高质量发展。

第一节 我国高校预算绩效评价结果应用现状分析

自 2003 年党的十六届三中全会提出“建立预算绩效评价体系”以来，我国的预算绩效评价工作进入积极探索阶段，项目及单位整体绩效评价逐渐形成了共识，但是绩效评价结果应用的相关问题还未深入研究，相关规定散见于中央和地方相关预算绩效管理文件中，系统性和全面性不足。高校范围内更是对预算绩效重视不足，专门针对高校的评价结果应用制度缺失，评价结果应用乏力，对资金管理和绩效水平的重视程度不够。我们基于中央和地方相关预算绩效评价结果应用文件和地方已有的探索实践，从我国高校预算绩效评价结果应用的指导依据、结果应用的过程控制和结果应用的程度三方面进行系统梳理，以期对我国高校预算绩效评价结果应用在当前的初步发展有清晰的认识。

一、高校预算绩效评价结果应用的指导依据

（一）中央层面

从中央层面来看，自 2005 年以来出台的一系列预算绩效管理相关文件中，都对结果反馈和应用进行了说明，这些通用性规定为高校实施预算绩效评价结果应用提供了指导依据。从高校范畴来看，虽然没有统一的预算绩效评价结果应用指导方针，但是中央部门在“双一流”建设专项资金的绩效管理上有着系统的规定，要求“注重绩效、动态调整”，对于高校的项目资金绩效评价结果应用也具有一定的指导意义。中央层面的主要政策指导如表 8-1 所示。

表 8-1　中央层面关于高校预算绩效评价结果应用的相关政策指导梳理

序号	文号	文件名
1	财预〔2005〕86 号（已废止）	财政部关于印发《中央部门预算支出绩效考评管理办法（试行）》的通知
2	财预〔2007〕38 号	财政部关于印发《中央本级项目支出预算管理办法》的通知
3	财预〔2011〕235 号	财政部关于印发《财政支出绩效评价管理暂行办法》的通知
4	财预〔2011〕416 号	《关于推进预算绩效管理的指导意见》
5	财预〔2012〕396 号	关于印发《预算绩效管理工作规划（2012—2015 年）》的通知
6	财预〔2014〕45 号	关于印发《地方财政管理绩效综合评价方案》的通知
7	2014 年修订	新《中华人民共和国预算法》
8	国发〔2015〕64 号	《统筹推进世界一流大学和一流学科建设总体方案》
9	财科教〔2017〕2 号	《中央高校管理改革等绩效拨款管理办法》

续表

序号	文号	文件名
10	教研〔2017〕2号	《教育部、财政部、国家发展改革委印发统筹推进世界一流大学和一流学科建设实施办法（暂行）》
11	财科教〔2017〕126号	《中央高校建设世界一流大学学科）和特色发展引导专项资金管理办法》
12	教研〔2018〕5号	《教育部、财政部、国家发展改革委印发关于高等学校加快“双一流”建设的指导意见》
13	中发〔2018〕34号	《中共中央、国务院关于全面实施预算绩效管理的意见》
14	财预〔2018〕167号	关于贯彻落实《中共中央、国务院关于全面实施预算绩效管理的意见》的通知
15	国办发〔2018〕82号	《国务院办公厅关于进一步调整优化结构提高教育经费使用效益的意见》
16	财预〔2019〕136号	关于印发《中央部门预算绩效运行监控管理暂行办法》的通知
17	财办预〔2019〕15号	关于印发《2019年预算绩效管理重点工作任务》的通知
18	财预〔2020〕10号	关于印发《项目支出绩效评价管理办法》的通知
19	财教部〔2021〕	《财政部教育部关于改革完善中央高校预算拨款机制制度的通知》
20	财监〔2022〕1号	《财政部关于开展2021年中央对地方转移支付预算执行情况绩效自评工作的通知》

（二）地方层面

从地方层面来看，地方政府出台的政策文件相比中央层面更加细化，陆续出台了专门的预算绩效评价结果应用办法，指导着省内高校的预算管理工作，为高校预算绩效评价结果应用提供了更有针对性的指导依据。例如，北京、浙江、广西、湖北、江苏等地的财政部门都根据中央文件出台了财政支出绩效评价结果应用的相关政策文件（见表8-2）。各地关于预算绩效评价结果应用的指导文件中，对评价结果应用的方式作出了概括性陈述，并且分别对结果反馈与整改、结果报告与公开、预算安排与结果相结合、绩效问责等作了具体规定。例如，广西出台的指导文件，不仅有明确的结果反馈与整改上的流程、时间和预算安排规定，还针对项目支出绩效再评价结果、部门整体支出绩效再评价结果和财政政策绩效评价结果做了一级到四级的量化预算安排调整，使高校在进行评价结果应用时具有更强的可操作性。

表 8-2　各地财政支出绩效评价结果应用相关政策文件汇总

序号	文号	文件名
1	浙财预字〔2008〕12 号	《浙江省财政厅关于加强财政支出绩效评价结果应用的意见》
2	青财绩字〔2012〕2060 号	《青海省财政厅关于印发青海省预算绩效评价结果运用暂行办法》的通知
3	桂财办〔2015〕34 号（已废止）	《关于印发广西壮族自治区预算绩效评价结果应用暂行办法的通知》
4	桂财办〔2018〕89 号（新出台）	《广西壮族自治区本级财政支出绩效评价结果应用暂行办法的通知》
5	鄂财绩函〔2017〕34 号	《关于进一步加强省级财政支出绩效评价结果应用的通知》
6	京财绩效〔2017〕2918 号	《北京市市级财政支出绩效评价结果应用暂行办法》
7	新财预〔2018〕194 号	《新疆关于印发自治区财政支出绩效评价结果应用暂行办法》的通知
8	2019. 11	《江苏省省级预算绩效管理成果应用暂行办法》
9	苏财规〔2020〕20 号	《江苏省省级项目支出绩效评价管理办法》
10	苏财规〔2021〕14 号	《江苏省省级财政支出事前绩效评估管理暂行办法》的通知
11	苏财农〔2022〕20 号	《关于下达 2022 年第一批省级单位项目资金、工作任务和绩效目标》的通知

二、高校预算绩效评价结果应用的过程控制

（一）评价结果应用的程序

1. 确定绩效评价结果应用的周期

评价结果具有时效性，应及时应用。评价结果应用周期与绩效评价周期一致，一般是一个预算年度。但是对于跨年度的重大项目，可以根据项目实际进展情况和项目资金使用情况来开展阶段性评价。

2. 实现评价结果应用与全过程链条中各个环节的互动统一

在《预算绩效管理规划（2012—2015）》（财预〔2012〕396 号）中已经明确制定了如图 8-1 所示的包括五个环节的全过程预算绩效管理机制。这五个环节只有环环相扣，相互促进，才能形成闭环，应用在高校预算中，帮助高校预算资金使用效益达到良性循环。但是在实际工作中这一全过程体系的各个环节还需不断推进，尤其是“评价结果有反馈、反馈结果有应用”还没有得到落实，绩效评价仍然流于形式，高校预算绩效评价结果应用的力度还需不断加大。

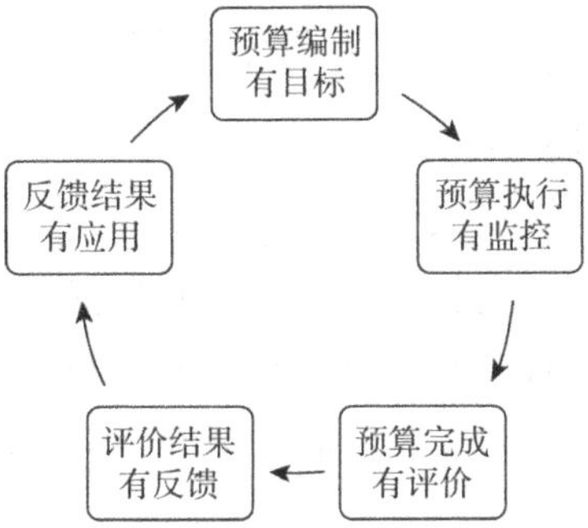

图 8-1　全过程预算绩效管理机制流程图

（二）评价结果应用的信息公开要求

我国自始至终强调预算绩效评价及结果应用的信息公开，从笼统的一定范围内公开的说法到向同级人民政府报告，再到在财政部门网站公开，最后到报送同级人大，信息公开的途径和要求逐渐扩大化，人大和社会公众的参与度逐渐加深。同时，我国对评价结果应用的信息公开要求不断细化。

三、高校预算绩效评价结果应用的程度

我国高校预算绩效评价结果应用的方式主要包括评价结果与高校预算安排调整挂钩、高校预算绩效信息公开和高校绩效问责三方面。

（一）高校预算安排调整挂钩机制

当前，在中央层面，关于高校预算安排调整挂钩机制，已有了项目支出的探索实践，以评分与评级相结合的方式，来设定绩效评价结果的具体分值和等级。总分一般设置为100分，等级一般划分为以下四档，如表8-3所示。评价结果充分与预算安排调整挂钩，对评价等级为优、良的，根据情况予以支持；对评价等级为中、差的，要完善相关政策、改进预算管理，根据实际情况核减预算。对不进行整改或整改不到位的，根据实际情况调减预算，或者待整改到位后再进行预算安排。

表8-3　项目支出预算绩效评价等级划分

等级	优	良	中	差
分数	[90，100]	[80，90]	[60，80]	[0，60]

资料来源：《项目支出绩效评价管理办法》（财预〔2020〕10号）。

（二）高校预算绩效信息公开

从高校自身的信息公开来看，高校预决算报告、本科教学质量报告和就业质量报告的公开相对完整。但是高校的预算绩效评价及结果应用方面的信息公开较少，一方面是政府没有相应的强制性规定，另一方面高校自身也没有主动的愿望。当然，也有高校公开了自己的针对专项资金的绩效自评报告。

（三）高校绩效问责

我国目前尚无规范性的高校问责报告公开发布，高校范围内公开比较规范的是《本科教学质量报告》，表现为对教育发展情况的问责，各高校自我评价、主动发现问题，一定程度上满足了社会公众对高校教育质量的知情权。

综上所述，我国高校的预算绩效评价结果应用工作正处于初步摸索阶段，在全国性的预算绩效管理办法和地方上专门出台的结果应用管理办法中可以为高校找到实施绩效评价结果应用的相关指导依据，其结果应用的主体职责、程序和信息公开的要求等也都逐渐清晰，地方高校也有绩效拨

款、绩效奖补等与预算挂钩的结果应用方面的尝试，与高校有关的项目的信息公开力度也在不断加大。

但是，我们仍然需要了解到，因为高校的特殊性，具体的有高校特点的结果应用制度的不断完善、高校预算绩效评价结果应用透明度的提升和高校绩效问责的具体化，都会推动高校预算绩效评价结果应用进一步深化，围绕结果应用的实现方式还有许多可以改进和提升的空间。

第二节　我国高校预算绩效评价结果应用存在的问题

从现状分析我们可以看到，我国有高校特点的具体的结果应用制度还不够完善，高校本身在绩效信息公开上面的主动性还不足，多是财政部门、教育部门比较概括性的公开，高校的绩效问责尚未实现，多是教育督导及纪委等常规检查对应的行政问责，公开的报告中尚无法体现具体到人的绩效问责。下面着重分析我国高校预算绩效评价结果应用存在的问题。

一、预算绩效评价结果应用的认识尚未形成共识

绩效理念的深入和绩效评价的共识是推动绩效评价及结果应用工作的思想基础，指导着高校绩效评价工作的开展。在新公共管理理论的发展过程中，绩效理念逐渐渗透到政府的行政管理活动中，要求重视财政资金的使用效益。而对于高校来说，包括科研、基建等项目在内的收支杂而多，这种绩效理念也需要深入项目和单位收支中，指导预算资金使用活动。但是，当前高校内部尚未普遍形成绩效意识，自我开展绩效评价的积极性不足。绩效评价多是在财政部门的推动和外部监管压力下，逐渐开展的预算绩效评价的试点和探索工作。高校业务部门对预算绩效评价结果应用的认识仍然不足，绩效管理的相关宣传和学习还不到位，各方对评价结果应用的理解和支持也不足。

二、预算绩效评价结果应用的依据不够细化

高校不同于其他单位之处就是不同类型的学院、研究所众多，加之辅

助性的职能部门，其业务类型多样化，有着不同于单一行政职能部门的特性。因此，一般性的绩效评价办法和结果应用模式不能照搬到高校当中，而需要高校自身根据上级部门的指导性文件制定适合于其自身的绩效评价指标体系、评价方法及结果应用办法。

目前，高校预算绩效评价结果应用主要是根据财政部发布的一般性预算绩效管理办法中的“绩效评价结果及其应用”部分的规定进行，或是各省高校根据各省省内出台的相关实施办法执行。但财政部出台的是一般性文件，在评价结果应用上多是原则性的规定，并非具体、细化的操作指引，只是比较笼统地规定要和预算安排调整挂钩，而如何挂钩、如何调整预算则没有明确规定。

三、高校预算绩效评价结果应用的过程控制力度不足

1. 拨款机构独立性不足

在进行高校预算绩效评价结果应用时，我国当前主要是财政、教育部门实施高校绩效评价工作，对高校进行评价结果反馈和应用。在结果应用时，需要做的关键一步就是将评价结果与预算安排挂钩，调整高校的财政拨款。我国当前没有设立独立的高校绩效拨款机构，而是采取传统的预算部门管理方式，由财政部门将年度教育资金拨付给教育部门，教育部门再统筹分配。在此基础上，教育部门既是教育资金的管理者，又是教育资金的执行者，职责交叉使得拨款机构独立性不足，不利于保证在评价结果与预算安排挂钩应用时的客观性，使得高校绩效拨款的公平性和透明性难以实现，从而更易产生委托代理问题。

2. 评价结果应用各主体衔接互动不足

根据系统论的整体性原则，针对高校进行评价结果应用时，需要全面考虑高校的各项职能发挥，而高校外部的多方利益相关者作为评价结果应用各主体，处在职能发挥的各个链条中，因此评价结果应用各主体的衔接互动不足，不仅影响高校职能更好地发挥，也影响评价结果应用的顺利推进。高校内部利益相关者众多，重视高校主管部门、高校校长、院长、项目负责人、教师、学生、捐赠者和社会公众等多方利益相关者的意见反馈和利益诉求的协调，是将结果应用落到实处的关键。但是从当前高校绩效评价开展情况来看，各主体的参与并不充分，相关各方的衔接互动不足。

财政部门作为绩效工作的主要推动者，绩效评价结果应用的积极性最高，而财政部门业务人员有限，无法对每个高校的项目和高校整体绩效评价实施有效监督，只能做到重点抽查进行再评价；高校内部也未成立专门负责绩效工作的队伍，而是由财务处兼管，财务处难以调动高校各项目主体实施绩效管理的主动性，高校的绩效开展工作呈现分散化；在进行高校绩效评价时，学生、社会公众等主体的参与也不充分，学生参与评价多为教学评价，学生、社会公众对高校财政资金绩效实现情况的评价参与渠道不通畅，中间监督机制缺失。因此，我国在开展高校预算绩效评价结果应用工作时，仍然存在各主体衔接互动不足、参与渠道不通畅的问题。

3. 评价结果应用信息公开透明度不足

在委托代理理论中，需要重点关注的就是由于信息不对称导致的委托代理问题。在财政部门、高校主管部门和高校之间的第二级委托代理关系中，存在着信息不对称问题。高校掌握着众多信息，处于信息优势中，财政部门、高校主管部门不直接掌握高校收支信息，相对来说处于信息劣势方。高校预算绩效评价结果应用信息公开透明度不足，则容易导致高校的委托代理问题扩大化，不利于第二级的委托方——政府对高校实施绩效评价工作，也不利于第一级委托方——纳税人对高校预算绩效运行进行有效监督。

四、高校预算绩效评价结果应用的约束力度不足

1. 缺乏评价结果应用的负面约束和惩罚机制

从现状部分地方层面的政策分析可以看出，当前地方出台的评价结果应用办法中，大多数省份多是比较笼统的预算调整说明，在高校评价结果的激励与约束机制中，评价结果的等级多分为“优秀、良好、一般、较差”，区分度不明显，只是影响了资金配置额度，而且没有体现出明显的削减资金的负面约束机制，或是直接对项目负责单位和负责人问责的规定，约束力度不强。由此，高校绩效问责机制的缺失，制约了在高校各院系间评价结果应用工作的深入开展。

2. 缺乏评价结果应用的监督机制

我们首先需要明确，进行高校预算绩效评价的目的在于发现高校内部各单位在项目进展和运行过程中存在的问题，督促高校各单位和主体进行

总结和改进，从而更好地促进高校各项职能的发挥，最大化高校财政资金使用效益。但是当前高校的绩效评价结果应用既未建立定期报告制度，也没有结果应用之后的复检要求，缺乏监督机制，评价意见多停留在表面，或者作为简单借鉴。因此，高校评价结果应用监督机制的缺乏，容易使得评价结果流于形式，责任落实难度加大，评价结果应用难以奏效。

五、高校预算绩效评价结果应用的效果缺乏相关评估

高校预算绩效评价结果应用之后，应该还有一个对应的对结果应用效果的评估，这样才能形成一个完整的评价结果应用机制，避免评价结果应用非最优化的局面。但是从目前进程来看，由于制度条件的缺失和技术评估手段的不足，尚无关于高校预算绩效评价结果应用效果的评估机制的规定。此外，由于事后的绩效评价工作本身已经很多，没有对于评价结果应用效果评估流程的详细规定，对于结果应用的评估和绩效评价前置工作没有达到有效衔接，绩效评价主管部门也无从下手，对于结果应用效果的评估难以实现。

第三节　我国高校预算绩效评价结果应用的改进意见

过去三十多年间，许多西方国家纷纷对其预算管理模式进行重建，尤其是美英等国，预算绩效管理经验丰富。研究其高校预算绩效管理具体实践，以期能为我国高校预算绩效评价结果的有效运用提供借鉴。

一、西方国家预算管理模式对我国的启示

1. 健全相关法律法规，保障高校预算绩效评价结果应用

推行绩效评价工作较早的国家，多通过立法来保证绩效评价的稳定性和常规化。以美国为例，美国高校预算绩效评价结果应用的立法过程从“地方先行”，到“中央集中”，形成了一条“地方—中央—地方”的立法链条。从美国的地方实践和联邦立法的进程来看，与我国的“地方试点先行”的路径有相似之处，但我国尚未将包括高校预算绩效评价结果应用在

内的高校预算管理纳入中央立法保障的层面。因此，我国需要深入完善立法保障，推动高校预算绩效评价结果应用工作的制度化进程，强化评价结果应用的约束力。

2. 引进中介机构，促进多主体参与高校预算绩效评价结果应用

美国州政府并不直接参与高校预算绩效评价及结果应用，而是借助中介机构担当高校管理者和协调者的角色，一定程度上起到了缓冲器的作用。我国高校预算绩效评价，也可以借助中介机构，特别是学术委员会、教职工、学生等与高校发展密切相关的群体，充分重视多主体的反馈意见，使高校预算绩效评价结果应用更加公开、公平和透明。

3. 因地制宜，分类分层实施高校预算绩效评价结果应用

不同类别、不同层次水平、不同规模的高校，其绩效评价的基础数据必然存在不同，因此在进行绩效结果的判定时也要遵循不同的标准。

2018 年出台的《教育部关于完善教育标准化工作的指导意见》（教政法〔2018〕17 号），提出完善教育标准体系框架、合理确定各级各类教育生均财政拨款基本标准等，我国教育领域的分类评价标准也会在教育标准化工作的顺利进展下得到确立。因此，我国应持续、大范围地推进分类分层实施高校预算绩效评价结果应用，针对综合类、社科类、理工类、艺术类等不同类别、不同层次的高校确定不同的评价标准，在分类分层评价的基础上科学运用绩效信息，将评价结果与高校预算挂钩，推进结果应用，引导高校实现最佳资源配置。

4. 推动高校绩效信息透明机制、实现高校间绩效信息共享

高校绩效信息的公开和高校信息系统的整合完善是保障高校绩效问责有效实施的重要依据。我国的高校绩效信息公开工作还不完善，绩效评价结果公开数量稀少，需要借鉴国外高校信息公开的经验，完善信息公开机制，在政府网站和高校网站上公布绩效评价报告和结果应用的实践信息，推动建立信息透明机制。

为了更有效地推动高校绩效评价，在节约绩效成本、全面准确地反映评价结果的考量下，我国可以整合高校间信息系统，首先是高校内部的财务信息系统、项目信息系统等。其次是高校间合理范围内的信息共享，推动绩效信息的可获得性以及高校间绩效信息的可比性，从而更好地实现评价结果应用。

二、改进总体思路

高校预算绩效评价结果应用是全过程预算绩效管理的落脚点，对于加强高校财政支出管理，深化资金绩效理念，优化高校资源配置和支出结构具有重要意义。财政部门、教育主管部门和高校之间需要紧密协作，构建一套与高校预算有效结合、多渠道应用评价结果的机制，因地制宜开展绩效评价工作。我国高校网络复杂，不同类别的高校众多，可以考虑试点推进全过程的预算绩效管理，在某一地方层级选取部分典型的综合类、社科类、理工类、艺术类高校，进行项目支出和高校整体支出绩效评价，项目支出可参照高校“双一流”建设的绩效评价规定，并根据自评和第三方评价结果进行应用落实，总结试点经验，从而为推广到全国做准备。

高校预算绩效评价结果应用是一个多主体参与的过程，需要明晰各主体责任，也要充分重视高校内部利益相关者的意见，包括研究人员、专任教师、学生群体、行政主管人员等对评价结果应用的意见，充分保证结果应用起到促进高校职能发挥的作用，而不是阻碍高校职能的发挥，要对高校教书育人、科研创新实力的提升起到激励和促进作用。此外，高校预算绩效评价结果应用要同现有的高校管理体制相结合，比如绩效问责制可以和现有的校长负责制相结合，发挥校长对结果应用的推动力，做到权责统一，还要符合高校的组织架构特点和项目运行特点，精准发力，将结果应用落到实处。

三、改进建议

高校作为一个复杂的系统，所属的院系、职能单位众多，人员规模庞大，教师、学生、职能人员、各院系负责人和学校负责人众多，有着不同于其他单位的教育职能和组织架构，因此研究具有高校特色的预算绩效评价结果应用制度是一项十分必要且重要的事情，合理的结果应用制度才能助力高校的规模效益最大化。下面则着重围绕高校预算绩效评价结果应用存在的问题提出相关改进建议。

（一）完善立法保障

国外政府高度重视绩效管理的法治保障，宏观上指导和约束各单位的预算绩效评价系列活动。我国则应该在新《预算法》和陆续发布的绩效评价及结果应用政策文件的基础上，立足于高校，完善包括评价结果应用在内的高校预算绩效评价法律体系，这对于促进绩效评价制度化、常态化具有重要意义，能够使绩效评价结果得到有效应用。

（二）深化高校内部各主体对预算绩效评价结果应用的认识

高校内部各主体有绩效认知是高校预算绩效评价结果得以应用的前提基础。基于此，才能为预算绩效评价结果的应用创造出运用环境，才能推动预算绩效管理各流程顺利推进。因此，需要加大绩效管理宣传力度，提高高校各单位负责人和主要参与人员的绩效意识。

为提高预算绩效评价的质量，各高校还要组织多层次的培训，从理论、业务和操作层面展开预算绩效管理培训，这样才能在高校、高校主管部门和财政部门等主体参与方培养一批有绩效意识、专业能力强的队伍，壮大预算绩效管理人员队伍。

（三）分类分层制定评价结果与高校预算安排调整挂钩的机制

高校的绩效评价类型分为项目支出绩效评价和高校整体支出绩效评价。通常来说，不同层次的高校发展重点不同，则预算绩效资金运用的评价重点不同，评价指标的设置和指标权重也可能不同。因此高校的项目支出和整体支出预算安排调整挂钩机制需要结合高校的具体分类（综合类、理工类、社科类、艺术类）进行分层设置，即各高校需要在一般评价指标之外，设置特色评价指标，做好绩效自评和第三方评价，根据评价结果动态调整预算安排。

（四）加强高校预算绩效评价结果应用的过程控制

1. 建立专门的高等教育拨款咨询委员会

当前，我国高校财政拨款是“政府—高校”二元拨款模式。以教育部直属高校来说，财政资金经由财政部拨付给教育部，进而拨付到各高校，拨款过程透明度低，易受政府官员人为因素干扰。为避免人为因素干扰，应设立专门的高等教育拨款咨询委员会，人员由教育专家、大学教授、海外顾问、政府官员、预算管理专家等组成，它是独立于政府、高校的中介机构。由此，我们便形成了“政府—中介机构—高校”三元拨款模式。高等教育拨款咨询委员会为政府对高校的财政拨款献计献策，政府定期对其绩效考核，考核的主要指标是其建议的合理性。

2. 畅通评价结果应用的参与渠道

高校及高校内各项目的绩效评价，上有财政部门、教育部门的直接推动，下有研究人员、教师队伍、学生、社会公众等多主体的有效参与，涉及的利益相关者较多，因此畅通主体参与渠道，对于保障绩效评价和结果应用过程的公平性、有效性具有重要意义。

我国政府体制具有典型的自上而下垂直领导的特点，分为财政部门对各高校的上层指导和高校学校对校内各部门的下层指导两部分。对于上层指导来说，即财政部门对各高校指导，绩效管理工作制度保障较为健全，同时教育部门作为各高校的主管部门，也负有直接领导高校进行绩效评价结果应用的职责，参与渠道通畅。但是对于高校内部的下层指导，由于参与人员广泛，再加上专业领域、绩效信息获取的限制，绩效评价结果应用受到能力和信息传输上的阻滞，参与渠道不畅。

3. 建立预算绩效信息公开透明机制

信息透明是高校预算绩效评价结果应用公正公开进行的前提。建立信息公开透明机制，有助于公众监督作用的发挥，提升评价结果应用的可靠性。高校预算绩效信息公开透明机制的构建应做好以下两项基础工作。

一是搭建高校预算绩效管理信息库。搭建高校预算绩效管理信息库，实现分类分层管理绩效信息，满足财政部门、预算使用部门、项目方、审计、监督部门等需求主体对预算绩效信息的需求，有效改变现有的高校绩效评价及结果应用信息披露分散的现状。

二是增加高校预算绩效评价结果应用的公开渠道。目前，高校预算绩效评价结果应用的信息公开，主要通过相关部门网站，大众了解该类信息的渠道少。我们建议，公开渠道可适当增加一些，如通过微信公众号等现代化互动平台，及时向社会公众传递绩效信息。

4、建立评价结果应用的奖惩机制

我国应建立高校预算管理评价结果应用的奖惩机制，借助责任状、责任清单方式，考量高校预算管理评价结果应用情况。高校评价结果应用既要有正向的奖励资金激励，又要有负面惩罚机制加以配合，从正向和反向两个角度加强预算资金效果的发挥。

5. 规范高校评价结果应用的监督机制

规范高校评价结果应用的监督机制，需要实行定期报告制度。定期报告制度的实施，有利于主管部门及时掌握分项目支出和高校整体支出的现状，和对前期评价结果应用不足的整改情况，强化责任意识，提升预算绩效管理的水平，发挥监督的实际作用。

6. 改进对高校预算绩效评价结果应用效果的评估方法

我国当前运用的管理会计应用指引体系中没有指明预算绩效管理的具体评估方法。但高校预算绩效评价结果应用效果的评估是结果应用的补充手段，是保障结果应用有效准确的补充措施。为提升高校财政资金使用效率，我们可以利用数据包罗分析法，评估院系间财政资金投入冗余率和不足率，据此调整财政支出资金规模及投向。

参考文献

[1] 郑石桥，马新智．预算管理：一个文献综述［J］．北京工商大学学报（社会科学版），2006（1）：54.

[2] 白晓荣．绩效导向预算改革研究述评［J］．中国管理信息化，2015，（5）：7-10.

[3] 刘江宏．地方政府政绩观扭曲的制度分析［J］．北京行政学院学报，2008（1）：22-25.

[4] 陈新．职能转变视角下的政府绩效评估研究［D］．天津：南开大学，2014.

[5] 马蔡琛．财政支出绩效评价方兴未艾［J］．中国财政，2017（17）：1.

[6] 齐守印，胡德仁．从实现国家治理现代化高度推进公共经济绩效管理［J］．当代经济管理，2018（9）：1-10.

[7] 尚虎平．激励与问责并重的政府考核之路——改革开放四十年来我国政府绩效评估的回顾与反思［J］．中国行政管理，2018（8）：85-92.

[8] 包国宪，毛雪雯，张弘．政府绩效治理中的公民参与：绩效领导途径的分析［J］．行政论坛，2017（6）：43-49.

[9] 曹堂哲．国家治理新形态：全面实施绩效管理［N］．中国社会科学报，2017-11-28.

[10] 伍彬．政府绩效管理：理论与实践的双重变奏［M］．北京：北京大学出版社，2017：105-108.

[11] 覃易寒．我国政府绩效评估运行方式改进与政府绩效审计［J］．审计研究，2010（4）：29-32.

[12] 杨肃昌．中国公共支出绩效审计发展现状与趋势分析［J］．会计之友，2014（22）：84-88.
[13] 郑方辉，廖逸儿，卢扬帆．财政绩效评价：理念、体系与实践［J］．中国社会科学，2017（4）：84-108.
[14] 王欢欢．平衡计分卡在专员办预算绩效管理中的应用研究［J］．中国财政，2017（17）：36-38.
[15] 刘小梅．平衡计分卡在政府部门预算绩效管理中的应用［J］．中国财政，2017（18）：54-56.
[16] 王瑞华，靳来月．基于平衡计分卡的地方政府财政支出绩效评价研究［J］．财会通讯，2017（13）：53-55.
[17] 田五星，王海凤．大数据时代的公共部门绩效管理模式创新：基于KPI与OKR比较的启示与借鉴［J］．经济体制改革，2017（3）：17-23.
[18] 周景坤．关键绩效指标法在高校教师绩效评价中的运用［J］．教育探索，2016（7）：110-112.
[19] 刘国永．财政绩效评价指标体系建设探索［J］．中国财政，2017（17）：19-21.
[20] 刘朋朋．中国地方政府综合绩效评估指标体系设计的比较研究［J］．中共福建省委党校学报，2017（11）：58-65.
[21] 徐经长，何乐伟．以政府会计改革助推全面绩效管理［J］．中国行政管理，2018（6）：157- 158.
[22] 于源．先发国家政府绩效预算制度和模式研究与启示［J］．经济研究参考，2015（33）：50-55.
[23] 吕昕阳．典型发达国家绩效预算改革研究［M］．北京：中国社会科学出版社，2011.
[24] 于爱晶．财政支出绩效管理的国际比较与启示［J］．财政研究，2006（6）：80-81.
[25] 许江波，李春龙．中国高校预算管理现状调查与思考［J］．经济与管理研究，2011（5）：118-122.
[26] 赵早早，何达基．中国预算绩效管理的双重内涵：绩效预算理论“中国化”的创新、发展与反思［J］．财政研究，2023（2）：32-42.
[27] 马蔡琛，桂梓椋，管艳茹．预算绩效管理框架的国际比较与启示：基于

欧美模式的分析 [J]. 财政科学，2022 (2)：140-152.
[28] 梁勇，李柯言，黄娅，等. 论高校“过紧日子”的预算绩效管理 [J]. 会计之友，2023 (15)：109-113.
[29] 薛伟. 财政补助单位如何应对过紧日子的常态化要求 [J]. 预算管理与会计，2020 (9)：20-21.
[30] 宫景玉. 高校全面预算绩效评价体系优化研究 [J]. 会计之友，2020 (15)：121-127.
[31] 罗伯特·卡普兰，大卫·诺顿. 平衡计分卡：化战略为行动 [M]. 刘俊勇、孙薇，译. 广州：广东经济出版社，2013.
[32] 施永霞，殷俊明. 平衡计分卡在高校预算绩效评价中的应用探讨 [J]. 财会通讯，2022 (24)：161-165.
[33] 李现宗，毕治军，颜敏. 高校预算管理转型研究 [J]. 会计研究，2012 (12)：68-73，95.
[34] 刘超，崔珑，董柳圻. 高校预算绩效管理框架与评价体系构建 [J]. 财会通讯，2022 (2)：166-171.
[35] 夏丹. 基于层次分析法的高校预算绩效评价体系研究 [J]. 财会通讯，2020 (1)：172-176.
[36] OECD. Budgeting and Public Expenditures in OECD Countries [J]. OECD Journal on Budgeting，2019 (1).
[37] 张强，施晚弟. 中央部门预算绩效管理改革的进度评估与优化路径 [J]. 华南理工大学学报（社会科学版），2022 (1).
[38] 张强，段佳莹，刘雅迪. OECD 国家绩效预算改革的整体画像与启示 [J]. 公共治理研究，2023，35 (1)：14-23.
[39] 李志情，董玲. 高校预算绩效管理存在的问题及建议 [J]. 会计之友，2016 (8)：89-91.
[40] 杨周复，施建军. 大学财务综合评价研究 [M]. 北京：中国人民大学出版社，2002.
[41] 王明秀，孙海波. 高等学校预算绩效评价及对策与措施研究 [J]. 科技与管理，2005 (4)：151-153.
[42] 王丽萍，郭岚，张勇. 高校新绩效预算管理体系研究 [J]. 财会通讯（学术版），2008 (7)：110-113.

[43] 连小华．我国高校绩效预算与资源配置机制相关性研究［J］．中国管理信息化，2012（1）：11.

[44] 张泽明，王丽萍，等．高校绩效预算管理模式研究［J］．西南科技大学学报（哲学社会科学版），2004（9）：97-100.

[45] 许江波，李春龙．高校绩效预算：三维度模式及推行策略［J］．财政研究，2011（10）：48-50.

[46] 马婉宁．我国高校预算绩效评价结果应用研究［D］．中国财政科学研究院，2020.

[47] 母丹，戴锋．高校绩效预算管理模式研究［J］．重庆教育学院学报，2011（11）：130.

[48] 闵剑，张友棠，曾芝红．面向世界一流大学绩效管理的高校预算绩效管理体系研究［M］．武汉：武汉理工大学出版社，2018.

[49] 王生交．新政府会计制度下应用型本科高校预算绩效管理研究［M］．北京：中国财政经济出版社，2022.

[50] 乔春华．高校预算管理研究［M］．苏州：苏州大学出版社，2013.

[51] 钟云华．公立高校财务预算管理模式优化研究［M］．长沙：中南大学出版社，2023.

[52] 韦祎．绩效管理实践与考核工具［M］．北京：人民邮电出版社，2021.

[53] 马会起，杨桂．财经类应用型高校预算管理研究［M］．成都：四川大学出版社，2021.

[54] 于婷．“产教融合+”模式下应用型本科院校社会服务功能研究［J］．中外企业家，2019（06）：206.

[55] 史蒙．高校财政资金预算绩效评价研究：以 T 大学为例［D］．天津：天津大学，2020.

[56] 石中英，张宁．高等教育国际化：目标愿景、现实挑战与实践路径［J］．山东师范大学学报（社会科学版），2024（01）：54-62.

[57] 宋朝红，杨尊伟．山东省高等教育国际化发展的成就、挑战与展望［J］．山东高等教育，2023（4）：33-39.

[58] 姜凡，黄福涛．期刊视角下中国高等教育研究的国际影响力研究［J］．黑龙江高教研究，2023（10）：20-26.

[59] 杨周复，施建军．大学财务综合评价研究［M］．北京：中国人民大学出版社，2002.

[60] 陆媛．高校预算绩效评价的理论研究及绩效指标体系设计［J］．技术经济与管理研究，2006（1）：60-61.

[61] 郭银清．建立高校绩效预算管理体系的研究［J］．会计之友，2006（11）：63-65.

[62] 李文利，由由．对高等学校办学效率的实证方法和计量分析技术的探讨［J］．教育与经济，2007（2）：36-39.

[63] 沈鸿．基于平衡计分卡的五元结构高校管理绩效评价体系及实证研究［J］．高教探索，2008（1）：61-64.

[64] 孙玉栋，席毓．全覆盖预算绩效管理的内容建构和路径探讨［J］．中国行政管理，2020（2）：29-37.

[65] 马蔡琛．构建中的预算绩效指标框架［M］．山西经济出版社，2020.

[66] 杨峰．省属高校研究生资助管理绩效评价：基于2019年第三方评估机构的实证分析［J］．高教探索，2020（11）：52-57，80.

[67] 马蔡琛，桂梓椋．“十四五”时期中国预算绩效管理改革的路径选择［J］．学习与探索，2021（4）：104-110.

[68] 董丽娟．行政事业单位全面推进预算绩效管理的问题与对策探析［J］．财政科学，2021（9）：122-128.

[69] 上官泽明，刘力云．立法机关的预算监督对政府绩效的影响研究：基于问责维度视角的跨国实证分析［J］．财政研究，2021（10）：88-102.

[70] 王佳．全面实施绩效管理框架下深化预算绩效目标管理改革研究［J］．地方财政研究，2021（11）：50-57.

[71] 李文彬，欧阳晨浩．预算绩效管理激励约束机制优化探究［J］．财会通讯，2022（4）：22-27.

[72] 李燕，王佳文．预算绩效管理问责要素分析与机制优化［J］．中央财经大学学报，2022（1）：11-21.

[73] 刘英姿．高校预算绩效评价指标应用研究经验分析［J］．中国高等教育，2022（2）：56-58.

[74] 曹堂哲，王美桃．英国政府预算绩效管理的“变”与“常”（1998-2020）：基于预算制度类型学的分析［J］．兰州大学学报（社会科学版），2022，50（1）：135-147.
[75] 丁晶晶，杨君彦，胡丹，等．信息不对称下的高校预算绩效管理系统研究［J］．系统科学与数学，2022，42（5）：1246-1260.
[76] 曹辉．第三方机构参与县级预算绩效管理的优化路径［J］．地方财政研究，2022（2）：52-56.
[77] 王佳．全面预算绩效管理的协同机理与实现机制［J］．地方财政研究，2022（5）：76-83.
[78] 刘薇，贾康．中国政府预算绩效管理改革研究：系统化思路与基本要领［J］．江西社会科学，2022，42（6）：30-41，206.
[79] 马蔡琛，赵笛．基于政府财务报告制度的预算绩效管理改革［J］．河北学刊，2022，42（4）：146-153.
[80] 杨洁．新时期农业类高校全面预算绩效管理研究［J］．核农学报，2022，36（8）：1714-1715.
[81] 田继兵．高校预算绩效管理信息化平台建设［J］．财会月刊，2022（18）：120-125.
[82] 李海南．预算绩效管理是适应我国国情的现实选择［J］．财政研究，2014（3）：46-49.
[83] 余红艳，储德银．构建我国现代预算制度的约束与路径选择［J］．经济纵横，2015（3）：109-113.
[84] 王淑杰．地方绩效预算改革的实践困境与推进路径［J］．宏观经济研究，2019（7）：62-70.
[85] 李燕，王晓．国家治理视角下我国地方财政透明对财政支出效率的影响研究［J］．中央财经大学学报，2016（11）：3-10.
[86] 吴俊培，程文辉．基于不完全信息博弈模型的预算效率激励机制设计［J］．财政研究，2018（11）：71-83.
[87] 崔惠玉，周伟．中期视野下预算绩效管理改革的思考［J］．财政研究，2020（1）：87-95.
[88] 马海涛，孙欣．预算绩效评价结果应用研究［J］．中央财经大学学报，2020（2）：3-17.

[89] 刘蓓蓉．政府教育支出与绩效评价：基于美国州立大学绩效拨款的经验［J］．现代管理科学，2015（2）：91-93.
[90] 孙琳，楼京晶．中期预算和绩效预算改革路径选择：以英国和俄罗斯为例［J］．复旦学报（社会科学版），2016，58（6）：129-141.
[91] 张曾莲，付含．中国香港高等教育经费绩效评价与提升研究［J］．教育科学，2016，32（4）：64-75.
[92] 张红峰．英国高等教育基金委员会拨款方法的变迁研究［J］．中国高教研究，2017（5）：62-67.
[93] 郭敏．国外高校财务预算绩效目标管理经验与启示［J］．教育财会研究，2019，30（1）：68-72.
[94] 毛成银，任蓝青．从绩效视角论我国事业单位预算评价［J］．财会月刊，2017（1）：26-33.
[95] 孙少茹．新预算法下高校预算管理优化探析：基于预算实务角度［J］．商业会计，2018（22）：98-100.
[96] 宋晓红，郑美仙，邹晓治，等．新建地方本科高校全面预算绩效目标管理的思考和实践分析：以××学院为例［J］．教育财会研究，2019，30（6）：59-64.
[97] 王绍灵．BSC 在高校专项经费绩效管理中的应用［J］．财会通讯，2015（35）：120-121.
[98] 杨媚，杨运东，刘卫民，等．政府会计制度下高校预算绩效评价 BSC 的应用探讨［J］．经营与管理，2019（9）：153-157.
[99] 冯宝军．研究型大学教育成本的核算与效率评价研究［D］．大连理工大学，2013.
[100] 张友棠，曾芝红，李思呈．高校预算绩效拨款模式新探［J］．财会月刊，2013（20）：76-78.
[101] 刘国斌，冀晶焱．基于 BSC 与 KPI 的高校绩效预算评价体系构建［J］．会计之友，2015（8）：126-129.
[102] 杨媚，杨运东，刘卫民，等．基于 BSC 与 KPI 理论的高校专项资金绩效评价研究［J］．会计之友，2016（12）：98-102.
[103] 夏丹，杜国良．内涵式发展下高校预算绩效评价体系研究［J］．会计之友，2019（5）：104-109.